Daniela Noack
Vom unromantischen Leben in Paris

Über dieses Buch

Um die französische Hauptstadt ranken sich viele Mythen. Ist Paris wirklich die Stadt der Liebe? Kann man dort tatsächlich leben »wie Gott in Frankreich«? Die Berliner Journalistin Daniela Noack hat von 1991 bis 1999 in der Seine-Metropole gelebt. »Vom unromantischen Leben in Paris« lässt den Leser hinter die Kulissen einer faszinierenden Metropole blicken. Unterhaltsam und informativ beschreibt die Autorin den Alltag der Menschen und ihre Lebensbedingungen. Dabei beleuchtet sie kritisch die gesellschaftlichen Verhältnisse.

Daniela Noack

Vom unromantischen Leben in Paris

Feuilletonistische Texte
aus den 1990er Jahren

Dank an Herbert Scherer für
Ermutigung und Unterstützung

www.danielanoack.com
Fotos: Daniela Noack
Covergestaltung: Martina Helwig
1. Auflage, Februar 2021
Herstellung und Verlag:
BoD – Books on Demand, Norderstedt

ISBN 978-3-752-62001-6

Für Jakob

Inhalt

Vorwort

Paris spielt in meinem Leben eine wichtige Rolle. Zehn Jahre habe ich in der Stadt an der Seine gelebt. In den 1980er Jahren als Mitglied einer Theatergruppe und von 1991 bis 1999 zunächst als Übersetzerin und Deutschlehrerin und später als Journalistin. Die meisten Texte dieses Buches sind zwischen 1996 und 1999 entstanden. Nach der Jahrtausendwende geschrieben habe ich nur »Flanieren im Park« (2005), »Kultur auf dem Wochenmarkt« (2003), »Social Networking in der Wohnküche« (2011) und »Paris mit Kind« (2005).

»Vom unromantischen Leben in Paris« war mein erster Zeitungsartikel. In Reiseführern, Büchern, Zeitschriften oder Kinofilmen war mir bis dahin meist nur die romantisierte Seite dieser unzweifelhaft schönen und faszinierenden Stadt begegnet. Doch ich hatte ein anderes Paris kennengelernt. Eine Stadt, in der Louvre, Eiffelturm, die großen Modehäuser und Sternerestaurants nur eine Nebenrolle spielten und auch die Liebe eher kompliziert als romantisch war.

Ich wollte über das wahre Leben in der französischen Hauptstadt schreiben, über ganz normale Menschen, über ihren Alltag, ihre Lebensbedingungen und die täglichen Herausforderungen in einer multikulturellen Metropole, aber auch über kleine Momente des Glücks – und das immer mit dem neugierigen und staunenden Blick einer Deutschen auf die französische Gesellschaft.

Ausgerechnet an dem Tag, an dem ich 99 Briefe an deutsche Zeitungsredaktionen verschickt hatte, begegnete mir bei einem Essen mit Freunden der Schweizer Journalist Stefan Brändle. Er bot mir an, meinen Text zu lesen, da ich bis dahin noch nie etwas veröffentlicht hatte. Wir trafen uns in einem Café und sprachen vielleicht eine Viertelstunde über meinen Artikel. Er machte einige Kürzungs- und Korrekturvorschläge. Das war meine journalistische Ausbildung. »Vom unromantischen Leben in Paris« wurde auf Anhieb von drei Zeitungen veröffentlicht. Inzwischen arbeite ich seit fast einem Vierteljahrhundert hauptberuflich als Journalistin.

In Paris begegnete ich nicht nur Franzosen, sondern auch Menschen aus zahlreichen anderen Ländern, darunter vielen Amerikanern, denen ich zwei Texte gewidmet habe. Gegen Ende meiner Pariser Zeit begann ich, als Korrespondentin zu arbeiten, und richtete meine Aufmerksamkeit zunehmend auf politische Themen, verfasste unter anderem Artikel zur mehrfachen Staatsangehörigkeit, weiblichen Beschneidung oder der Volkszählung.

Die meisten Texte sind nun bald ein Vierteljahrhundert alt und damit ein Stück Zeitgeschichte. Auch wenn sich inzwischen die gesellschaftlichen Bedingungen weiter verschärft haben und der Graben zwischen Arm und Reich noch tiefer geworden ist, illustriert »Vom unromantischen Leben in Paris« immer noch treffend das typische Pariser Lebensgefühl. Es ist wie bei einem Menschen, der in die Jahre gekommen und doch der alte geblieben ist. Wer könnte ihn besser kennen, als seine Jugendfreunde?

Es sind kleine Geschichten über eine große Stadt, die trotz aller Widersprüche ein ganz besonderer Ort bleiben wird. Paris ist keine Traumstadt. Paris ist ein Mythos!

Vom unromantischen Leben in Paris

»Achtung, Achtung!«, schallt es aus den Lautsprechern der Metro-Station Stalingrad. »Auf dem U-Bahn-Gelände sind Taschendiebe unterwegs, bitte achten Sie auf Ihre Sachen!«

Stalingrad: Hier wurde kürzlich der deutschen Touristin Monika hinterrücks die Goldkette vom Hals gerissen und einer Boutiquebesitzerin die Handtasche von den Riemen geschnitten. Vor dem Bahnhof stehen nachts die Drogensüchtigen und andere zwielichtige Gestalten. Stalingrad, das klingt nach Krieg und Zerstörung. Tatsächlich sieht es hier so aus, als habe eine Bombe eingeschlagen. Die Immobilienspekulation reißt tiefe Löcher in die Landschaft und ganze Straßenzüge von verfallenen Häusern scheinen förmlich auf den bevorstehenden Abriss zu warten. Läuft man weiter gen Norden, vorbei an den Metro-Stationen Riquet und Crimée, taucht man ein in eine Art Niemandsland, welches überall auf der Welt sein könnte. Traurige Hochhäuser recken sich in den Himmel. An Natur erinnert hier nur der hässliche, grellgrüne Teppich eines Straßencafés.

Gibt es denn das romantische Paris nicht mehr? Das Paris, das wir aus Filmen, Romanen oder von Urlaubsfotos kennen? Die gemütlichen Restaurants, die schicken Einkaufsstraßen und romantischen Treppen? Keine Angst! Das Paris, das wir lieben, existiert noch. Immer wieder trifft man auf unvergleichlich schöne Flecken, auf plötzliche Idylle inmitten des Großstadttrubels: Montmartre, das Quartier Latin oder die Île Saint-Louis. Hier werden »Künstlermansarden« angeboten, 50 Quadratmeter Vollkomfort zum stolzen Preis von umgerechnet 2500 Mark aufwärts. Die »Künstler«, die in solchen Wohnungen residieren, sind wohlhabende amerikanische Pensionäre, Industrielle oder andere Gutbetuchte, die sich im Rentenalter den verspäteten Luxus gönnen, auf Hemingways Spuren zu wandeln (dessen Parisaufenthalt sich weit weniger anspruchsvoll gestaltete).

Die Unterschiede in der »Wohnwelt« sind frappierend. Stanley, der 60-jährige amerikanische Anwalt, logiert in einer prachtvollen, mit afrikanischen Statuen geschmückten Villa, umgeben von einem riesigen Garten mitten in der Innenstadt, nur zwei Minuten vom Bahnhof Montparnasse entfernt. Die 40-jährige Denise blickt von ihrem 50-Quadratmeter-Schlafzimmer direkt auf den Eiffelturm. In ihrem Bad sieht es mit den kunstvoll verzierten Schränkchen und goldenen Spiegeln aus wie im Musée d'Orsay.

Die monatliche Miete für 160 Quadratmeter beträgt 20 000 Francs (fast 6000 Mark). Gérard, ein 44-jähriger Künstler, haust in einem acht Quadratmeter großen Dienstmädchenzimmer unterm Dach. Licht fällt durch eine kleine Luke an der Decke. Dusche und Toilette sind im Hausflur. Susanne, die an der Universität Deutsch unterrichtet und jahrelang mit ihrem Freund auf 16 Quadratmetern gelebt hat, sagt: »Die neue Wohnung ist super, 35 Quadratmeter für 4000 Francs« (1200 Mark Kaltmiete).

Westlich von Stalingrad liegen kleine Straßen mit abbruchreifen Häusern. Hier wohnen hauptsächlich Schwarzafrikaner. Die Frauen in ihren rosafarbenen oder gelbgepunkteten Kleidern, die Haare kunstvoll geflochten, tragen ihre friedlich schlummernden Babys auf dem Rücken. Dies ist die intelligenteste Methode, in Paris ein Kind zu transportieren.

Wer jemals versucht hat, mit seinem Nachwuchs die öffentlichen Verkehrsmittel zu benutzen, weiß wovon die Rede ist. In der Pariser U-Bahn kommt man mit einem Kinderwagen oder Buggy nicht einmal durch die Eingangssperre. Wenn möglich, fährt die gestresste Mutter lieber Auto oder nimmt ein Taxi und umgeht so endlose Gänge und unzählige Treppen. Ob sie auf diese Art schneller ans Ziel kommt, ist fraglich. Zur Hauptverkehrszeit braucht man für eine fünf Kilometer lange Strecke schon mal anderthalb Stunden.

Kurz vor dem Bahnhof La Chapelle ist ein merkwürdiges Schauspiel zu beobachten. Auf dem Mittelstreifen einer der verkehrsreichsten Straßen, über den Köpfen donnert die Metro, in einem Lärm, in dem man kaum sein eigenes Wort versteht, treten Kinder kräftig in die Pedale. ÉDUCATION ROUTIÈRE (Verkehrskindergarten) steht auf einer Banderole.

Hier lernen die Kleinen am eigenen Leib, was es heißt, ein Pariser Verkehrsteilnehmer zu sein. Vom stressgeplagten Hauptstädter werden diese Zustände kaum registriert. Dafür ist kein Platz in einem Leben, das nur aus *Métro, Boulot, Dodo* (U-Bahn, Arbeit und Schlaf) besteht. Das soll scherzhaft klingen, spiegelt aber allzu oft den tristen Alltag der Pariser wider.

»L'art de vivre« steht unter einer deutschen Zeitungsreklame, mit der versucht wird, für französische Lebensart zu werben. Übersetzt auf Pariser Verhältnisse könnte der Werbeslogan heißen: Kunstvoll überleben im Chaos. Es ist unbestritten, dass Paris eine der bedeutendsten und schönsten Kulturmetropolen der Welt ist. Unzählige Restaurants bieten kulinarische Genüsse aller Art und aus aller Herren Länder. Leben wie Gott in Frankreich, das gibt es, vorausgesetzt man verfügt über die entsprechenden Mittel.

Über 200 Jahre nach der Französischen Revolution scheint es immer noch eine stark ausgeprägte Klassengesellschaft zu geben. Während im 19. Arrondissement ärmliche Gestalten Gemüseabfälle vom Boden klauben, kitzeln sich im Pariser Westen elegante Damen im Bolerojäckchen von Coco Chanel mit *amuse-gueules* (Appetithäppchen) den Gaumen. Während einige, ohne mit der Wimper zu zucken, 300 Mark für eine Opernkarte springen lassen, können sich andere weder die neue Brille noch den Zahnersatz leisten. Die Armut ist in den letzten Jahren erschreckend gewachsen. An manchen Tagen geben sich die Bittsteller in der Metro regelrecht die Klinke in die Hand.

Langsam wird auch den Parisern klar, dass die Lebensqualität in ihrer Stadt sehr zu wünschen übrig lässt. In den wenigen Parks, die zwar fürs Auge gefällig sind, ist meist sogar das Sitzen auf der Wiese verboten. Unermüdlich scheuchen Parkwächter müde Spaziergänger hoch. Im Straßenverkehr herrscht Anarchie. Während der deutsche Fußgänger brav ausharrt, obwohl weit und breit kein Auto zu sehen ist, scheinen die Pariser die bunten Verkehrslichter für bloße Dekoration zu halten. Wer es schafft, sich durch die kreuz und quer auf dem Zebrastreifen verkeilten Fahrzeuge zu schlängeln, sollte aufpassen, dass er nicht hinterrücks von einem heranrasenden Rollschuhfahrer über den Haufen gerannt wird.

Radwege sind bislang noch eine Rarität. Eine Fahrradtour durch Paris wird deshalb schnell zum Horrortrip. Diese Art der Fortbewegung ist nicht nur gesundheitsschädlich, sondern auch lebensgefährlich. Völlig unerträglich werden die Zustände, wenn gestreikt wird. Fünf bis sieben Stunden brauchte die Bankangestellte Agnès vom Crédit Lyonnais während des über drei Wochen andauernden Arbeitskampfes Ende 1995, um mit ihrem Auto zur Arbeit zu fahren. Die meiste Zeit stand sie im Stau. Verständlich, dass sie sich nach den guten alten Verkehrsmitteln zurücksehnte. Vergessen war die Angst vor Attentaten nach der Serie von Bombenanschlägen auf Züge von RER und Metro und die ständigen Lautsprecherdurchsagen, in denen die Fahrgäste aufgefordert wurden, »aufmerksam« zu sein. Doch den wie in einer Sardinenbüchse Zusammengequetschten blieb für Hysterie nicht viel Raum. Sie konnten unmöglich noch zusätzlich unter den Sitzen nach versteckten Kartons mit Sprengstoff Ausschau halten.

Stammgäste in der Metro und ihren kilometerlangen Gängen sind Mäuse, Ratten und Küchenschaben. Und ein Völkchen, das wenig mit den schicken, gut duftenden Parisern gemein hat – die

Clochards. Mit ihren zotteligen Bärten, bloßen Füßen, erloschenen Gesichtern und der Rotweinflasche scheinen sie eher aus Orpheus' Unterwelt als von den Champs-Élysées zu kommen.

In einer französischen Reklame für Mineralwasser heißt es: Unser täglich Wasser, so wichtig wie die Luft, die wir atmen. Das Trinkwasser enthält Chlor oder Schlimmeres und wie Isabelle Adjani kürzlich in einem Interview sagte: »Die Pariser Stinkluft kann ich meinem Kind unmöglich zumuten, ich ziehe an den Genfer See.« Aber was soll's! Wenn die Frühlingssonne durchbricht, hat die bröcklige Fassade wieder das gewisse Etwas. Die Straßen erscheinen nicht mehr verstopft, sondern belebt, die Cafés nicht teuer, sondern elegant. Man ist mitten drin, lässt sich treiben. Schließlich lebt man in Paris. Einer der schönsten Städte der Welt!

(1996)

Als Mutter Ba durch die Decke brach

Bei Familie Ba aus Mali hängt nicht der Haussegen schief, sondern die Decke. In der zweiten Etage des Pariser Wohnhauses in der Rue Louis Blanc Nr. 45 war der Algerier El Assaoui gerade dabei, seine zweijährige Tochter aus der Badewanne zu heben, als Madame Ba, Mutter von sieben Kindern, in der darüber gelegenen Wohnung den Boden unter den Füßen verlor und durch die Decke brach. Glücklicherweise konnte der PVC-Fußbodenbelag den Sturz von Mutter Ba durch die verfaulten Balken bremsen und so das Schlimmste verhindern. Doch im Boden des Badezimmers klafft seitdem ein hässliches Loch.

Die neunköpfige Familie wartet seit Monaten auf Ersatz für die 26 Quadratmeter große und 3250 Francs (fast 1000 Mark) teure Wohnung. Einen Stock tiefer hat Familienvater El Assaoui, der mit Frau und zwei Kindern auf 17 Quadratmetern lebt (Miete 3000 Francs) seit dem Zwischenfall ebenfalls ein ungutes Gefühl. Auch sein Fußboden senkt sich an einigen Stellen bedenklich. Durch die Feuchtigkeit fallen Tapeten und Kacheln von den Wänden.

Die Bewohner des im 10. Arrondissement der französischen Hauptstadt gelegenen Häuserkomplexes in der Rue Louis Blanc Nr. 45 sind einiges gewöhnt: Manche Mieter öffnen ihre Türen statt mit einem Schlüssel mit einem Draht, andere bekommen beim Duschen wegen defekter Stromleitungen Elektroschocks verpasst.

Alexandra, die eine Zeitlang obdachlos war, ist froh, endlich einen Unterschlupf gefunden zu haben. Deshalb will sie nicht meckern, auch wenn ihr »Küchenfenster« weder Rahmen noch Scheibe hat. Um das große Loch im Mauerwerk zu schließen, schiebt sie einfach ein Regal vor. Die schweren Eisenträger, die das baufällige Gemäuer stützen, drohen auf die im Hof spielenden Kinder herabzustürzen.

In der französischen Hauptstadt gelten andere Regeln als auf dem deutschen Wohnungsmarkt. Wegen des hohen Anteils von Eigentumswohnungen gibt es statt Hausverwaltungen Eigentümergemeinschaften und die können über zu ergreifende Maßnahmen oft keine Einigung erzielen, was dazu führt, dass notwendige Instandsetzungsarbeiten oder Reparaturen mit jahrelanger Verzögerung oder überhaupt nicht durchgeführt werden. Unterkünfte, für die man in Deutschland nur ein müdes Lächeln ernten würde, entlocken den Parisern Begeisterungsschreie.

2800 Francs (850 Mark) für eine 17-Quadratmeter-Wohnung gilt als guter Deal und darunter ist auch kaum etwas zu haben, es sei denn, man ist bereit, auf eine Innentoilette oder Dusche zu verzichten. In der Rue Louis Blanc Nr. 45 ist ein neun Quadratmeter großes Zimmer ohne WC, Dusche und Kochgelegenheit frei geworden. Die monatliche Miete beträgt 1400 Francs (425 Mark). Obwohl das Angebot nicht sehr verlockend klingt, finden sich auch für solche Absteigen immer wieder Interessenten, denn wer in Paris einen offiziellen Mietvertrag bekommen will, muss ein Gehalt vorweisen, das viermal so hoch wie die Miete ist.

Der Mindestlohn, mit dem sich viele Kassiererinnen, Ladenhilfen oder Büroangestellte zufrieden geben müssen, beträgt derzeit netto 5400 Francs (1630 Mark) und reicht somit noch nicht einmal für das Neun-Quadratmeter-Zimmer. Für 1400 Francs kann man in Paris sowieso allenfalls ein Dachkämmerlein oder einen Autoabstellplatz erwarten.

Mehr Glück haben Sébastien und Sylvain, deren Mutter an der richtigen Stelle im Rathaus arbeitet und den beiden eine geräumige Sozialwohnung zuschanzen konnte. Monatlich zahlen die Brüder gerade einmal 300 Francs (90 Mark). Auf eine solche Wohnung wartet Familie Ba schon seit zehn Jahren, andere noch länger, denn auf eine freie Wohnung im sozialen Wohnungsbau kommen in manchen Stadtvierteln bis zu hundert Bewerber. Es ist ein offenes Geheimnis, dass man Beziehungen braucht, um einen Platz in den begehrten Sozialwohnungen mit niedriger Miete, den sogenannten HLM (Habitation à loyer modéré), zu bekommen. Beziehungen hatte der Sohn von Jean Tiberi, dem derzeitigen Pariser Bürgermeister. Sohnemann ließ sich mit öffentlichen Geldern seine spottbillige Sozialwohnung für umgerechnet 100 000 Mark luxusrenovieren und die Wände mit Marmor auskleiden.

Auch anderen Familienmitgliedern stand Tiberi hilfreich zur Seite. »Nicht kriminell« lautete das Urteil des Gerichts, denn die »Hilfe« hätte sich ja auf die Familie beschränkt. Auch andere Politiker in Amt und Würden, bis hin zum Staatspräsidenten, waren schon in Wohnungsskandale verwickelt. Diejenigen, die weder Eigentümer sind, noch Anrecht auf eine Sozialwohnung haben, müssen sich auf dem privaten Wohnungsmarkt umschauen und da kann man manche Überraschung erleben.

Schön gelegen ist die Wohnung der deutschen Studenten Martin und Susanne, nämlich auf der teuren Île Saint Louis. Ihre Unterkunft hat nur einen Haken: Sie hat kein einziges Fenster. In der Küche gibt es lediglich eine Luftabzugsklappe.

Überglücklich war Philippine, der es gelungen war für nur 3300 Francs (1000 Mark) eine niedliche 30-Quadratmeter-Wohnung zu ergattern. Bei näherem Hinsehen wies diese erhebliche Mängel auf. Die Fenster schließen nicht richtig, die Schallisolierung ist so schlecht, dass die junge Frau nachts das Gefühl hat, die Nachbarn stünden direkt neben ihrem Bett, und zu ihrem Entsetzen entdeckte sie auch noch ungebetene Gäste: Küchenschaben.

Die Künstler Matthias und Stefanie, die jahrelang auf acht Quadratmetern zusammengelebt hatten, konnten schließlich in ihrer neuen 40-Quadratmeter-Wohnung mit dem vielen Platz wenig anfangen. Stefanie: »In der Anfangszeit saßen wir aus reiner Gewohnheit weiter ganz dicht aneinandergedrängt.«

Viel Platz braucht dagegen Bob aus Texas, der mit seinen 150 Kilo in der Rue Louis Blanc längst durch die Decke gebrochen wäre. Bob und seine ebenfalls korpulente Frau Barbara hatten ihre liebe Not, ein auf ihre Körperfülle zugeschnittenes Badezimmer zu finden. Schließlich entdeckten sie das Passende in der Nähe des Eiffelturms. Barbara: »Und gar nicht so teuer! 140 Quadratmeter für nur 20 000 Francs (6000 Mark) monatlich.«

Die Vermieter profitieren davon, dass in der französischen Hauptstadt Yuppies und andere Großverdiener bereit sind, für den Quadratmeter Apothekerpreise zu zahlen und kassieren beispielsweise für eine Zweizimmerwohnung Mieten bis zu 2500 Mark. Die Durchschnittsmiete in Paris beträgt derzeit pro Person 4300 Francs (1300 Mark) monatlich.

Nicht aufs Geld schauen muss die schwerreiche libanesische Familie, die auf drei Etagen direkt gegenüber vom Bois de Boulogne lebt. Innerhalb der Wohnung wird im privaten, goldfarbenen Fahrstuhl von Stockwerk zu Stockwerk gefahren, orientalische Teppiche dämpfen die Schritte. Wo das 10. Arrondissement und die Rue Louis Blanc liegen, weiß hier keiner so genau, denn die Pariser Stadtgrenze verläuft für sie etwa bei den Champs-Élysées.

Die alteingesessenen großbürgerlichen Familien, die Yuppies und die millionenschweren Orientalen im Pariser Westen sind mit allem erdenklichen Wohnkomfort gesegnet, nur eines fehlt: Menschliche Kontakte. Viele kennen ihre Nachbarn nicht. Im Hausflur gehen sie aneinander vorbei, ohne zu grüßen.

Über mangelnde Kontakte kann sich in der Rue Louis Blanc Nr. 45 niemand beklagen. Hier kennt jeder jeden. Die Bewohner haben die Initiative »Le 45« gegründet und sind in einen Mietstreik getreten. Sie wollen so lange nicht mehr zahlen, bis die Missstände beseitigt sind. Außerdem kämpft die Initiative für eine humanere Wohnungspolitik, dafür dass in Paris nicht länger 100 000 Wohnungen leer stehen und etwas für die 50 000 Obdachlosen in der Hauptstadt und Umgebung unternommen wird. Hinter den brüchigen Mauern ist ein Hauch von revolutionärem Kampfgeist zu spüren.

Wirklich ausziehen möchte aus der »45« letztendlich niemand. Der mangelnde Wohnkomfort schreckt viele weniger als die Aussicht, in einer anonymen Vorstadtsiedlung mit hoher Kriminalitätsrate zu leben. Mitleid will in der Rue Louis Blanc keiner. Die Kinder, die hier heranwachsen, haben gute Noten in der Schule, trotz erschwerter Lernbedingungen, und manche schaffen sogar ein anschließendes Studium, wie die ältesten Kinder der Familie Ba.

»So viel Solidarität und nachbarschaftliche Nähe finden wir in Paris nie wieder«, meint Sabine Lasnier, Gründerin und Motor der Initiative »Le 45«. Das ist auch die Befürchtung von Familie Ba und Familie Assaoui, die, seit sie direkt durch die Decke kommunizieren können, unzertrennlich sind.

(1999)

Invasion der Küchenschaben

»La Cucaraaacha, la Cucaraaacha!«, singt meine mexikanische Nachbarin, mit der ich Tür an Tür in einem Wohnhaus im Pariser Norden lebe. Dieses Lied kenne ich von früher, als ich noch ganz diffuse Vorstellungen von einer Cucaracha hatte. Damals wusste ich, dass Küchenschaben längliche, schwarzbraune Insekten sind, mit einem Panzer, der knackt, wenn man ihn zerdrückt. Ich wusste auch, dass das Wort Schabe daher rührt, dass sich das lichtscheue Getier beim Einschalten der Beleuchtung blitzschnell ins Dunkle flüchtet, was bisweilen ein hässlich schabendes Geräusch verursacht. Doch dieses Wissen war lange Zeit nichts als graue Theorie, denn in Deutschland hatte ich mit dem Ungeziefer niemals Bekanntschaft gemacht.

In Paris wurden meine Vorstellungen nach und nach konkreter. Bei Freunden in Montmartre roch es beißend. Der Kammerjäger sei dagewesen, hieß es. Jeder Supermarkt verkaufte Sprays und Fallen. Im Schaufenster eines Fachgeschäftes für Schädlingsbekämpfung konnte ich Fallen aus Pappe bewundern, an denen hunderte von *Cafards* (Küchenschaben) klebten. Manche winkten noch munter mit ihren Fühlern. Andere waren mitten in der Bewegung erstarrt.

Ich fühlte mich weiterhin nicht betroffen. Tief in meinem Innern glaubte ich: Mir passiert so etwas nicht! Meiner Meinung nach nistete das Viehzeug in verwahrlosten Absteigen, auf Müllkippen oder in den Slums von Kalkutta. Davon war ich überzeugt, bis ich Barbara kennenlernte.

In ihrer, in einem Pariser Vorort gelegenen Wohnung ist es so sauber, dass man vom Fußboden essen könnte. Barbara hat den Putzfimmel. Ständig huscht sie mit einem Lappen bewaffnet durch die Räumlichkeiten. Doch der hochgiftige Puder, den sie überall verteilt, scheint ihren Mitbewohnern nichts anzuhaben. In Fachkreisen ist zwar bekannt, dass die Schädlinge sich im reichen 16. Pariser Arrondissement genauso wohl fühlen wie in ärmlichen Vorstadtsiedlungen, trotzdem glauben viele immer noch, dass allein mangelnde Hygiene der Grund für die Plage ist.

Das lästige Getier kann nicht nur Träger gefährlicher Infektionskrankheiten wie Typhus und Tuberkulose sein oder Asthmaanfälle auslösen, sondern auch diverse psychosoziale Folgen haben. Paranoide Tendenzen hat die Studentin Séverine bei sich festgestellt, der in ihrer Bude bei Saint-Germain pro Tag mindestens zwanzig Kakerlaken über den Weg laufen.

In die Bewerbungsunterlagen von Georges hatte sich ein Prachtexemplar verirrt, das ungünstigerweise beim Vorstellungsgespräch aus den Papieren krabbelte. Den Job – eine leitende Funktion in der Lebensmittelabteilung eines Kaufhauses – bekam er nicht. Isabelle, eine Immobilienmaklerin, beobachtete während einer in ihrem Büro stattfindenden Sitzung mit Schrecken, wie eine ganze Schabenfamilie seelenruhig über den Tisch flanierte. Sie sandte ein Stoßgebet aus, ihre Besucher, potentielle Käufer, mögen die ungebetenen Gäste nicht entdecken.

Mit Gebeten kommt man bei Schabenbefall nicht weit. Auch nicht mit Flüchen, Geschrei oder

Tobsuchtsanfällen. Manchmal sind sogar die Kammerjäger mit ihrem Latein am Ende. Die Produkte, die zur Schädlingsbekämpfung eingesetzt werden, werden ständig aggressiver, zeigen jedoch immer weniger Wirkung. Neu am Markt ist derzeit ein für Menschen geruchloses Gel, das die Plagegeister in Scharen anlockt und killt. Doch diese mutieren und werden früher oder später gegen alle Mittel resistent. Haben sie einmal in einem Gebäude Einzug gehalten, wird man sie so schnell nicht wieder los.

»Wenn Sie wirklich Ihre Wohnung von Grund auf säubern wollen, rate ich Ihnen, auch den letzten Fetzen Tapete abzureißen«, legt mir mein Vermieter ans Herz. Als mein deutscher Chef abfällig von heruntergekommenen Hotels spricht, in denen die Kakerlaken die Wände hochlaufen, werde ich ganz still. Ich traue mich nicht zu sagen, dass auch ich mittlerweile »Betroffene« bin und eben diese Kakerlaken meinen Anrufbeantworter zu ihrer Brutstätte auserkoren haben.

Aber eigentlich habe ich gar keinen Grund, mich zu schämen. Ich befinde mich in bester Gesellschaft. Die Brut macht weder vor sterilen, desinfizierten Krankenhäusern halt noch vor teuersten Nobellokalen. Unvergesslich das Erlebnis in einem Café der gehobenen Preisklasse auf den Champs-Élysées, wo mir ein livrierter Kellner einen Kakao mit »Fleischbeilage« servierte.

Experten schätzen, dass kaum eine Pariser Restaurantküche frei von den Gliederfüßlern ist. Fast-Food-Ketten, große Supermärkte sowie renommierte Feinschmeckerrestaurants (ein Abendessen um 300 Mark), sie alle verweigerten dem Filmteam eines französischen Fernsehsenders den Zutritt. Der Beitrag, den das Team vorbereitete, trug den Titel »Invasion der Küchenschaben«. Niemand kann es sich leisten zuzugeben, dass in seinem Etablissement Ungeziefer auf teuren Delikatessen spazieren geht. Deswegen wird das Thema gemieden und das »Problem« diskret aus dem Wege geräumt.

In einigen Gebäuden erscheint der Kammerjäger so regelmäßig wie andernorts der Schornsteinfeger. Viele Vermieter scheuen jedoch die Kosten und überlassen es den Mietern, die Plage mit ungeeigneten Produkten aus dem Supermarkt zu bekämpfen. Haben sich die Eigentümer dennoch dazu durchgerungen, in die Tasche zu greifen und professionelle Hilfe in Anspruch zu nehmen, spielen einige Mieter nicht mit und lassen den »Mann mit der Maske« einfach vor verschlossenen Türen stehen.

Andere versuchen viel zu lange, das lästige Problem alleine in den Griff zu bekommen. Die Hilfe eines professionellen Schädlingsbekämpfers in Anspruch nehmen zu müssen, ist ihnen einfach zu peinlich. Gérard Alaizeau beobachtet bei vielen seiner Kunden eine seltsame Verwandlung, sobald sie die Ladentür von »Stop Cafards« (Stop Kakerlaken) aufstoßen. Seriöse Geschäftsmänner in Anzug und Krawatte fangen an zu stottern und selbstbewusste junge Frauen brechen in albernes Lachen aus oder werden knallrot.

Anderen wiederum fehlt das Problembewusstsein. Der Pariser Kammerjäger kennt viele Geschichten. Zum Beispiel die von einer älteren Frau, die jahrelang inmitten von Ungeziefer lebte, ohne es zu merken, obwohl es um sie herum von schwarzbraunen Krabbeltieren nur so wimmelte. Es stellte sich heraus, dass sie durch ihre fast zwanzig Jahre alten Brillengläser kaum noch etwas erkennen konnte.

Nur, wenn das ganze Haus gleichzeig behandelt wird, besteht Aussicht, die Situation dauerhaft in den Griff zu bekommen. Da es bis jetzt noch keine gesetzliche Bestimmung gibt, die auch die Anwohner zur Bekämpfung der Schädlinge zwingen kann, gewinnen die Küchenschaben weiter an Terrain. Wird die eine Wohnung behandelt, flüchten sie sich zum Nachbarn. Sobald »die Luft rein ist«, kommen sie wieder zurück. Eine unendliche Geschichte.

Trotz der astronomisch hohen Zahl an Nachkommen (ein Weibchen schenkt während seines 280 Tage kurzen Daseins bis zu einer Million »Kindern« das Leben) hat Gérard Alaizeau noch keine Albträume. Weshalb auch? Seine Geschäfte gehen blendend. Unberührt von der Wirtschaftskrise erfreut sich die Schädlingsbekämpfung seit langem eines bemerkenswerten Aufschwungs. Dafür hatte der Kammerjäger beizeiten den richtigen Riecher und gründete vor zehn Jahren seine Firma »Stop Cafards«, die eine wahre Goldgrube ist. Seine Kunden kommen aus allen Gesellschaftsschichten.

»Auch bei Ungeziefer gibt es Unterschiede«, scherzt er. Luxusschaben fühlten sich in Seide am wohlsten, andere begnügten sich mit einem schlichten Ambiente. Eigentlich gibt es gar keinen Sektor, der von ihnen verschont wird. Bäckereien stehen ganz oben auf der Beliebtheitsskala. Hier können die Kakerlaken nach Herzenslust schlemmen. Zudem garantieren feuchtwarme Temperaturen optimale Bedingungen für gesunden und zahlreichen Nachwuchs. Aber auch in namhaften Friseursalons oder in Luxushotels nisten sie sich gerne ein.

Ganz billig ist die Schädlingsbekämpfung übrigens nicht. Wenn der Kammerjäger ins Haus kommt, muss der Betroffene umgerechnet mindestens 150 Mark auf den Tisch legen. Dafür werden die am schlimmsten betroffenen Wohnbereiche, nämlich Küche und Bad, behandelt. Jedes weitere Zimmer kostet extra. Besonders tief in die Tasche greifen müssen die Gewerbetreibenden. Die Behandlung einer Bäckerei kostet je nach Größe und Befall 500 bis 3000 Mark.

300 Millionen Francs, fast 100 Millionen Mark geben die Franzosen für Anti-Schaben-Mittel (Sprays, Puder und Fallen) pro Jahr aus. Kammerjäger als krisensicherer Job? Über mangelnde Aufträge kann sich Monsieur Alaizeau jedenfalls nicht beklagen. Er geht davon aus, dass 60 Prozent der Pariser Haushalte zumindest zeitweise von der Schabenplage betroffen sind. Vor Überstunden hat er keine Angst, wohl aber vor den horrenden Steuern und Abgaben, die er abführen muss. Schließlich möchte auch der französische Staat an dem Geschäft mit den Küchenschaben mitverdienen.

(1997)

Umweltbewusstsein à la française

Eines nicht allzu fernen Tages würde die Seine so sauber sein, dass er bereit wäre, höchstpersönlich in ihren Fluten zu baden, tönte Staatspräsident Jacques Chirac, als er noch Pariser Bürgermeister war. Dieses Versprechen hat er bislang nicht eingelöst, obwohl das aus der Seine stammende, aufbereitete Trinkwasser, das in vielen Pariser Haushalten aus der Leitung kommt, empfindliche Gaumen wegen seines Chlorgehalts an einen Schluck aus dem städtischen Schwimmbad erinnert.

Das Thema Umwelt sorgt in Frankreich seit einiger Zeit für Schlagzeilen. In den letzten fünfzehn Jahren hat sich die Luftverschmutzung in den Ballungsgebieten des Landes fast verdoppelt. 91 Prozent der Bevölkerung fühlt sich durch die verschmutzte Luft in den Städten gestört. Eine Untersuchung zeigte, dass die Lage in Paris bedenklicher ist, als bisher angenommen. Das ist nicht verwunderlich, denn von den mindestens drei Millionen Autos, die täglich in der französischen Hauptstadt und Umgebung unterwegs sind, ist nur ein knappes Drittel mit einem Katalysator ausgestattet und 40 Prozent der neuzugelassenen Wagen fahren mit dem wenig umweltfreundlichen Kraftstoff Diesel. Um Abgase einzuatmen, muss man noch nicht mal das Haus verlassen: Acht von zehn Parisern atmen rund um die Uhr, in ihrer Wohnung oder am Arbeitsplatz, einen Schadstoffcocktail, der deutlich über den von der EU empfohlenen Richtwerten liegt.

Zwar existieren auch in Frankreich Bürgerinitiativen, die sich für eine Verbesserung solcher Zustände einsetzen, doch fristen diese eher ein Randgruppendasein und lassen sich nicht mit der deutschen Umweltbewegung vergleichen. Engagierte Ökologen wurden lange Zeit als weltfremde Spinner verlacht. Nur langsam begreifen auch die Franzosen, dass Umweltschutz ein Thema ist, das alle angeht. Obwohl mit Dominique Voynet seit 1997 zum ersten Mal eine grüne Umweltministerin im Amt ist, entwickeln sich die Dinge jenseits des Rheins immer noch sehr langsam.

Viele Maßnahmen gleichen dem berühmten Tropfen auf den heißen Stein. An Tagen mit extremer Luftverschmutzung wird gewitzelt: »Geduld! Die Regierung wird sich bald um das Problem kümmern. Haltet solange die Luft an!« Auch im Alltag ist von Umweltbewusstsein bislang nicht viel zu spüren. Pfandflaschen sucht man vergeblich im Supermarkt, stattdessen bekommt man an der Kasse die Plastiktüten immer noch hinterhergeworfen. Mülltrennung gibt es inzwischen auch in einigen Pariser Arrondissements. Theoretisch. In der Praxis mangelt es den Hauptstädtern dazu an Disziplin. Außerdem fehlt in den sehr kleinen Wohnungen häufig der Platz für mehrere Müllbehälter. Und so wird etwa die für Zeitungen und Zeitschriften vorgesehene Tonne mit dem blauen Deckel wie eh und je mit kunterbuntem Abfallmix gefüllt.

Doch ein Anpassungsprozess hat begonnen. Im Rahmen der EU-Bestimmungen wird seit 1994 bei extremer Luftverschmutzung die Bevölkerung informiert. Am 1. Oktober 1997, als Ozon- und Stickstoffwerte in der französischen Hauptstadt auf über

400 Mikrogramm pro Kubikmeter stiegen, wurde erstmalig die Alarmstufe 3 ausgerufen. Einen Tag lang galt eingeschränktes Fahrverbot und die öffentlichen Verkehrsmittel durften gratis benutzt werden. Obwohl diese Maßnahmen für viel Wirbel in den Medien sorgten, brachten sie letztendlich nur eine Reduzierung des Verkehrs um 15 Prozent.

Schadstoffkonzentrationen in Rekordhöhe können viele Radfahrer nicht davon abhalten, in französischen Städten außer Kopf und Kragen auch noch ihre Gesundheit zu riskieren. Zwar gibt es in Paris mittlerweile über 100 Kilometer Fahrradwege, wovon jedoch ein Großteil diesen Namen gar nicht verdient, weil sie von Autofahrern als Überholspur oder Parkplatz missbraucht werden. Einige Radler glauben, sich mit einer Atemmaske vor den Abgasen schützen zu können. Eine ziemlich wirkungslose Vorsichtsmaßnahme. Böse Zungen lästern, ein Filter vor der Nase sei wie Scheuklappen vor den Augen.

Was die Kohlendioxidemissionen betrifft, weist Frankreich vorbildlich niedrige Werte vor, dank der Tatsache, dass 80 Prozent des Stroms in Atomkraftwerken produziert wird. Seit die Franzosen aber mit zehnjähriger Verspätung erfahren haben, dass die radioaktive Wolke von Tschernobyl doch nicht vor den Landesgrenzen haltgemacht hat und sich Skandale häufen, wächst das Misstrauen gegenüber der »sauberen« Atomenergie.

»Die Franzosen sind dabei, ohne es zu merken, zu Ökologen zu werden«, melden die Zeitungen. Eine etwas übertriebene Nachricht, denn auch wenn es derzeit einen Bioboom gibt, möchte der Großteil der Bevölkerung sich den Appetit nicht mit Hiobsbotschaften über Hormone im Fleisch oder Schwermetalle im Gemüse verderben lassen. Ein paar mehr oder weniger Becquerel im Magen, das kann doch nicht so schlimm sein – Hauptsache es schmeckt!

Dennoch setzt sich zögernd ein neues Bewusstsein durch, denn viele haben den Verlust an Lebensqualität am eigenen Leib zu spüren bekommen. Umweltministerin Dominique Voynet will dafür sorgen, dass der Rückstand aufgeholt wird. Ein weiterer Ausbau der Mülltrennung gehört ebenso zu ihrem Programm wie die Entwicklung sauberer und sparsamer Technologien. Allerdings stößt ihr Engagement nicht überall auf Gegenliebe. Ihre Naturverbundenheit dankten ihr die Bauern im vergangenen Februar mit der Verwüstung ihres Pariser Büros.

Wer die Franzosen wirklich vom Sinn des Umweltschutzes überzeugen will, darf nicht nur mit Vernunftgründen argumentieren. Dass der massive Einsatz von Kunstdünger das Trinkwasser vielerorts im Lande ungenießbar gemacht hat, beunruhigt nicht so sehr wie die Nachricht, dass die Überdüngung der Böden zu einer Verlagerung der Wurzeln der Weinstöcke von 50 Zentimeter Tiefe auf nur noch 10 Zentimeter führen kann. Dieses könnte langfristig eine Uniformierung des Geschmacks manch edler Tropfen zur Folge haben, denn nur der tiefe Sitz der Wurzeln garantiert das einzigartige und unverwechselbare Bukett.

Hier zeigt sich auch der wahre Mentalitätsunterschied zwischen Franzosen und Deutschen: Während sich die vernünftigen Bundesbürger in erster Linie um ihre Gesundheit sorgen, fürchten die Feinschmecker jenseits des Rheins mindestens ebenso sehr eine Schmälerung kulinarischer Genüsse.

(1999)

Heißes Pflaster für Drahtesel

Ein Fahrrad war Inges erste Anschaffung in ihrer Wahlheimat Paris. Da ahnte sie noch nicht, worauf sie sich einließ. Bald kämpfte sie sich tagein, tagaus durch die überfüllte Stadt. Vorbei an Autos, die in kilometerlangen Staus feststeckten. »Radfahren, kein Problem!«, sagte sie anfangs noch optimistisch. Doch Inge, die zuvor sehr umweltbewusst in Berlin gelebt hatte, fand in der französischen Hauptstadt völlig andere Verkehrsbedingungen vor. Enge, verstopfte Straßen ohne Bäume, und auf ihrer einstündigen Route zur Arbeit konnte sie keinen einzigen Radweg entdecken.

Am Ende des Tages nach dem Inhalieren hoher Schadstoffkonzentrationen fühlte sie sich oft so fertig, als hätte sie an der Tour de France teilgenommen. Andere Radler sind besser ausgerüstet. Sie gehen nur noch gestylt mit *masque* und *casque* (Maske und Helm) auf Tour.

Zur Imagepflege gibt sich Paris umweltfreundlich und brüstet sich mit der Schaffung neuer Radwege, welche bislang hauptsächlich symbolischen Charakter hatten. Immerhin wurden die Radpisten allein im letzten Jahr von 50 auf 100 Kilometer aufgerüstet, von denen ein Großteil allerdings kaum als solche nutzbar sind, weil sie entweder zugeparkt sind oder von den Autofahrern schlichtweg ignoriert werden. Doch Radfahren ist »in« in der Seine-Metropole. Seit dem wochenlangen Dauerstreik der öffentlichen Verkehrsmittel Ende 1995 nimmt die Zahl der Fahrradbesitzer ständig zu.

Verantwortliche sprechen gar von einer Kulturrevolution, was reichlich übertrieben scheint für ein Vehikel, das bislang nur 0,3 Prozent des Gesamtverkehrs ausmacht. In den Unfallstatistiken der Pariser Polizei ist das motorlose Zweirad dagegen mit 5,7 Prozent vertreten. Ein bedenklicher Tatbestand, an dem die Radfahrer, die in Paris Narrenfreiheit genießen, nicht ganz unschuldig sind. Viele beherrschen die einfachsten Verkehrsregeln nicht. An Gefährlichkeit und Unberechenbarkeit werden sie nur von den Fußgängern übertroffen, die allesamt farbenblind zu sein scheinen und beim Überqueren der Straße eher zufällig nach links oder rechts schauen.

Der Bretone Loïc, der erst seit zwei Jahren in Paris lebt und dem regelmäßig Spaziergänger vors Rad laufen, meint: »Hier denkt jeder nur an sich selbst.« Wer in Paris weiterkommen will, muss sich durchsetzen. Frechheit siegt. Auch im Straßenverkehr! Obwohl sich Loïc im vergangenen Jahr bei einem Unfall, als ihm ein Autofahrer die Vorfahrt nahm, eine komplizierte Oberschenkelfraktur einhandelte, kann er es nicht lassen. Bei Ozon- und Stickstoffspitzenwerten, die bei ungünstiger Wetterlage bis über 400 Mikrogramm pro Kubikmeter erreichen können, trotz Augenbrennen und Reizhusten, mischt er sich munter unter die drei Millionen Autos, die täglich im Pariser Stadtverkehr unterwegs sind. »Staublunge und Knochenbrüche, das gibt es dazu!«, witzelt er.

»Als Radfahrer gehört man zu einer gesellschaftlichen Randgruppe und hat mit vielen Problemen zu kämpfen«, berichten die Studentinnen Isabelle und Bérénice. Fahrradparkplätze sind rar. Wer sein Gefährt auf dem Hof lassen will, stößt bei der Concierge auf Unverständnis und muss sich Kommentare anhören wie: »Der Hof ist doch kein Schrottplatz.« Die Hausverwaltung rät, das Fahrrad in der Wohnung unterzustellen. Ein unmögliches Unterfangen für Isabelle und Bérénice, die sich zu zweit eine 20-Quadratmeter-Wohnung teilen oder Loïc, der mit 12 Quadratmetern zurechtkommen muss. »Bleibt also nur die Straße und dort sind Drahtesel für Diebe eine leichte Beute«, resümiert Abel Guggenheim von der Bewegung »Mouvement de défense de la bicyclette«, die für die Rechte der Radfahrer kämpft, das Dilemma.

Eine Mitarbeiterin von »Paris à vélo c'est sympa« (Paris mit dem Rad macht Spaß), einem Verein, der Stadtbesichtigungen hoch zu Stahlross organisiert, blickt optimistisch in die Zukunft, denn die Stadt Paris unternimmt verstärkt Anstrengungen, die Seine-Metropole von einem autofreundlichen in einen menschenfreundlichen Ort zu verwandeln. Die sonntägliche Sperrung für den Autoverkehr der Straßen entlang der Seine und des Canal Saint-Martin wurde von der Bevölkerung mit Begeisterung aufgenommen. Zwischen 10 und 17 Uhr kommen dort Radfahrer, Rollschuhfahrer und Spaziergänger aller Altersklassen zusammen und erkennen, dass Paris mehr zu bieten hat als Abgase und Auspuffknattern. »Endlich passiert etwas«, finden Isabelle und Bérénice und fügen hinzu: »Es war höchste Zeit!«

Inge kann das alles egal sein, denn seit einigen Wochen lebt sie wieder in Deutschland. Ihr französisches Fahrrad hat sie mitgenommen. Das genießt die Gesellschaft von mindestens 30 stählernen Artgenossen auf dem Berliner Hinterhof. Inge bereut nichts. Paris ist immer noch ihre Traumstadt, bloß leben möchte sie dort nicht mehr.

(1998)

Die Stadt der einsamen Herzen

Paris mit seinem Kopfsteinpflaster, den malerischen Gassen und überfüllten Straßencafés scheint für die Liebe wie geschaffen. Ein Spaziergang an der Seine, Lustwandeln in den Tuilerien oder dem Jardin du Luxembourg, an jeder Ecke stehen Liebespärchen, und mancher Straßenname kann eine gewisse erotische Komponente nicht verbergen. Da ist die Rede von Seufzern, Verlangen und Vergnügen – *Passage des Soupires, Passage du Désir, Impasse Monplaisir.* Wie steht es nun tatsächlich um die Liebe in der Stadt, die eines der begehrtesten Ziele für Hochzeitsreisende ist?

Allzu oft geht es zu wie in einem Film von Eric Rohmer: Hervé liebt Sylvie, die mit Mathieu verheiratet ist, aber heimlich eine Affäre mit Hervés bestem Freund Valentin hat. Alle sind ständig auf der Suche. Ein nicht abreißendes Bäumchen-wechsle-dich-Spiel. Der Volkssport Untreue scheint zum guten Ton zu gehören und hat sogar Tradition. So konnte zum Beispiel Staatspräsident François Mitterrand seine Zweitfrau auf Kosten der Steuerzahler in einem Schloss einquartieren. Auch die Scheidungsrate von 50 Prozent spricht Bände. Als hoffnungslos verfahren bezeichnet Laurent (39), seit Jahren erfolglos auf Partnersuche, das Verhältnis zwischen den Geschlechtern, und Valérie (35) klagt: »Die einzigen Männer, die mir gefallen, sind schwul!«

Paris ist nicht nur die Hauptstadt Frankreichs, sondern auch die Hauptstadt der einsamen Herzen.

Jeder zweite in der Millionenstadt lebt allein. Unter den Singles in Paris und Umgebung gibt es allerdings doppelt so viele Frauen, dazu kommt eine ständig wachsende Zahl von alleinerziehenden Müttern. Aufgrund des starken Frauenüberschusses können sich die Männer in der Seine-Metropole manche Starallüren erlauben.

Die Stadt ist voll von schönen, gutverdienenden Frauen, denen nur noch der passende Mann zum Glück fehlt. Am Geschäft mit der Einsamkeit verdienen sich einige eine goldene Nase. Diese Erfahrung machte die deutsche Übersetzerin Petra. Die 35-Jährige hat sich die letzten Jahre ganz auf ihre Karriere konzentriert. Der hohe Posten, den sie in einer internationalen Organisation bekleidet, lässt ihr nicht viel Zeit, auf Männerfang zu gehen.

Das erste Mal in ihrem Leben wagt sie sich zu einer Partnervermittlung. Rue Saint-Honoré, Paris' teuerstes Pflaster. Ihr gegenüber sitzt eine elegante Dame in dezenter Kleidung von Rodier. Auf ihrem Schoß eine kuschelige Perserkatze, zu ihren Füßen ein Rassehund. Sie würde nur Maßarbeit leisten, erklärt sie, und die habe eben ihren Preis. Aber da Petra ihr so unwahrscheinlich sympathisch sei, wäre sie bereit, ihr ein spezielles Angebot zu machen: 2500 Francs (725 Mark) Einschreibgebühr, inklusive Psychotest und 9000 Francs (2600 Mark) für die Suche nach dem Prinzen – mit Erfolgsgarantie versteht sich. Petra, der es doch ein bisschen zu teuer ist, womöglich als Karteileiche zu enden, verabschiedet sich höflich. Dass ihre Angst nicht ganz unberechtigt war, erfährt sie einige Wochen später in einer Fernsehsendung, in der ein Mann berichtet, er habe 6500 Francs an ein Institut gezahlt, ohne jemals auch nur eine einzige Heiratskandidatin zu Gesicht bekommen zu haben.

Eine weitere Form der Partnersuche ist der Minitel, ein über Bildschirmtext funktionierender Onlinedienst. 3615 – *trente-six quinze* – lautet die Zauberformel. Die richtigen Zahlen eingegeben und schon bekommt man die entsprechenden Kontakte. Hier ist scheinbar alles zu haben. Vom ausgefallenen erotischen Abenteuer *3615 Sans Tabous* (Ohne Tabus) bis hin zur romantischen Variante *3615 Rendez-vous à Paris*. Abgerechnet wird glücklicherweise erst zwei Monate später. Die Mahnung über 7000 Francs (2000 Mark), die Pierre ins Haus flatterte, verdarb ihm ein für allemal den Spaß am Spiel mit dem Kleincomputer, den France Telecom jedem für einen Spottpreis zur Verfügung stellt. Seine Schulden hat Pierre inzwischen beglichen, aber trotz *3615 Seul à Paris* (Einsam in Paris) ist er so allein wie zuvor.

Einiges zu bieten hat das Pariser Nachtleben. An Wochenenden ist in Diskos trotz saftiger Eintrittspreise (20 bis 50 Mark) die Hölle los. Auch unter der Woche muss man sich in Abschlepp-Schuppen wie »La flèche d'or« im 20. Arrondissement oder ähnlichen In-Läden rund um die Bastille mit Ellenbogen zum Tresen vorkämpfen. In verqualmten Räumen steht man sich die Beine in den Bauch und verbreitet gute Laune. In dem Land, in dem mehr Menschen durch Selbstmord als im Straßenverkehr ihr Leben lassen (bei den 15- bis 24-Jährigen steht Selbstmord als Todesursache an zweiter Stelle, unter den 25- bis 34-jährigen Männern belegt Selbstmord sogar den ersten Platz), wird nur ungern über Probleme gesprochen.

Kontakt ist schnell geknüpft. Ein One-Night-Stand lässt sich immer auftun. »Je prends la fille et puis je prends la fuite« (»Ich nehme die Kleine, dann ergreif ich die Flucht«) singt Serge Gainsbourg und viele scheinen den Schlagertext allzu wörtlich zu nehmen. Das kurzlebige Vergnügen kann bittere Folgen haben.

In Paris, der Stadt, die mit Abstand die meisten Aidskranken und HIV-Positiven in ganz Europa hat, ist Safer Sex noch lange nicht die Regel. Schon der bloße Anblick eines Präservativs löst bei vielen Männern Kastrationsängste aus.

Aber genug der ernsten Gedanken. Da wird man ja ganz trübsinnig! Wenn einem vom vielen Alleinsein die Decke auf den Kopf fällt, kann man immer noch im Café an der Ecke ein Gläschen Wein trinken. Zusammen mit Stammgast Alain, der schon mit allen Frauen aus der Nachbarschaft etwas hatte, und Patrick, der in seiner Ehe furchtbar unglücklich ist, kann man Edith Piaf hören: Die »Hymne à l'amour«, die ist immer wieder so schön! Verglichen mit anderen Orten auf dieser Welt geht es uns in Paris eigentlich gar nicht so schlecht. Der 38-jährige New Yorker Kunstkritiker Thomas resümiert die Situation in seiner Stadt folgendermaßen: »Liebe? Für so etwas haben wir gar keine Zeit. Wir sind viel zu sehr damit beschäftigt, an unserem Image zu basteln.«

(1997)

Stadtrundfahrt im Untergrund

Wie lernt man eine Stadt am besten kennen? Beim Besichtigen von imposanten Denkmälern und Bauwerken? Beim Nächtigen in Nobelhotels, beim Speisen in Gourmettempeln oder beim Einkauf in Luxusboutiquen? Oder indem man sich einfach unters Volk mischt und es ein Stück durch den Alltag begleitet? Unter Tage bietet die Metro eine Entdeckungsreise der ganz besonderen Art und damit die Möglichkeit, hinter die Kulissen der schillernden Seine-Metropole zu blicken.

Im Jahr 2000 feiert die Metro ihren hundertsten Geburtstag. 1898 begannen die ersten Bauarbeiten. Dass sie schon recht betagt ist, ist schwer zu übersehen. Abgesehen von einigen auch unter künstlerischen Aspekten interessanten Stationen wie Concorde, Assemblée Nationale und Arts et Métiers sind die Pariser Untergrundbahnhöfe mit ihren labyrinthartigen 120 Kilometer langen Gängen selten eine Augenweide.

Putz und Kacheln fallen von den Wänden und nach einem kräftigen Regenguss tropft es auf vielen Bahnsteigen durch die Decke. Auf dem Bahngelände stapelt sich allerlei Unappetitliches und vielerorts riecht es wenig einladend. Leider verwechseln nicht nur Clochards die Metro mit einer Bedürfnisanstalt. Doch von einer gewissen Schäbigkeit sollte man sich nicht täuschen lassen. Ebenso wenig von der nostalgischen Jugendstilfassade der Eingänge. Der Pariser Untergrund funktioniert nach den Gesetzen einer knallharten Großstadt. Das Tempo ist mörderisch.

Zu den Stoßzeiten kommt die Metro mindestens im 90-Sekunden-Takt. Die bis zu 100 Stundenkilometer schnellen RER-Regionalzüge durchqueren die Stadt von Ost nach West in 14 Minuten und befördern dabei in nur einer Richtung bis zu 65 000 Menschen pro Stunde. Über sechs Millionen sind es insgesamt, die täglich in und um Paris von RER und Metro transportiert werden. Wer den Berufsverkehr heil überstehen will, muss starke Nerven haben sowie Knüffe und Püffe einstecken können. Auch psychisch stabile Menschen erleiden mitunter einen Anfall von Klaustrophobie. Spätestens beim Kampf um den Sitzplatz ist von der legendären französischen Galanterie nichts mehr zu spüren. Da ist sich jeder selbst der nächste und Alte, Kranke und Schwangere müssen stehen.

Im Pariser Souterrain spiegeln sich die gesellschaftlichen Tendenzen von »oben« wider. Die Wirtschaftskrise hat vor der französischen Hauptstadt nicht haltgemacht. Nicht nur für die Bewohner der Vorstädte sind Metro und RER lebensnotwendig, sondern auch für viele der mindestens 50 000 Obdachlosen im Pariser Raum, denen sie als letzte Zuflucht dienen.

Endstation Metro heißt es für diejenigen, für die der Zug schon lange abgefahren ist. Sie verschwinden im Untergrund, um buchstäblich nie wieder ans Tageslicht zu kommen. Die Pariser Verkehrsbetriebe versuchen, dem Elend Abhilfe zu schaffen, indem sie Schlafplätze und heiße Getränke anbieten. Aber angesichts der allgemeinen menschlichen Misere, können diese Maßnahmen nicht mehr ausrichten als ein Tropfen auf den heißen Stein.

Die neue Armut ist ständig präsent. Unzählige Male werden Fahrgäste, die einen Sitzplatz ergattert haben, aus ihrer Lektüre gerissen oder aus ihrem Nickerchen aufgeschreckt.

»Bonjour, ich heiße Michel und bin arbeits- und obdachlos.« So etwa beginnt der Standardspruch. Bettler und Zeitschriftenverkäufer schreien um die Wette gegen das Rattern und Quietschen der Züge an. Auch an den Ein- und Ausgängen haben sie sich postiert. Schnorren ist zu einer Vollzeitbeschäftigung geworden.

Acht bis neun Prozent der Benutzer von Metro und RER sind Schwarzfahrer, was allein für die RATP (mit einem Anteil von 80 Prozent am öffentlichen Nahverkehr der größte Pariser Verkehrsbetrieb) einen jährlichen Verlust von 850 Millionen Francs (250 Mio. Mark) bedeutet. Die Angestellten an den Schaltern beobachten teilnahmslos, wie sich ein nicht abreißender Strom von Menschen ohne Fahrkarte durch die Eingangssperren mogelt. Sechs Millionen Franzosen leben mit einem Existenzminimum, das vielfach unter der Armutsgrenze liegt. Da ist für einige das Fahrgeld einfach nicht mehr drin.

Ein weiteres gesellschaftliches Phänomen, mit dem die öffentlichen Verkehrsmittel konfrontiert sind, ist eine frustrierte Jugend ohne Perspektive (in manchen tristen Vorortsiedlungen erreicht die Arbeitslosigkeit 40 Prozent), die ihre Wut an Sitzbänken und

Schaffnern auslässt. Übergriffe auf Fahrpersonal häufen sich und Vandalismus und Graffiti reißen Löcher ins Budget. Die RATP peppt ihr Image auf, indem sie versucht, die orientierungslosen Jugendlichen von der Straße und auf ihre Seite zu holen. Die Angebotspalette reicht von Mathematik- und Englischnachhilfe, Fußball- und Rugbyturnieren sowie Kulturveranstaltungen bis zur Schaffung von Arbeitsplätzen.

Abschreckende Wirkung auf Schmierer und Vandalen zeigte das Anti-Terror-Programm »Vigipirate«, das seit den Bombenanschlägen Mitte der neunziger Jahre für eine größere Polizeipräsenz in den Bahnhöfen sorgt. Ein weiterer positiver Nebeneffekt von »Vigipirate« ist der Rückgang der Kriminalität. »Nur« noch 10 000 Taschendiebstähle pro Jahr sind offiziell zu verzeichnen. Wobei die Dunkelziffer erheblich höher liegt.

Verglichen mit Städten wie New York geht es in der Pariser Unterwelt aber ziemlich harmlos zu. Gewalt gegen Fahrgäste beschränkt sich meist auf Bagatellen. Mit einem Tritt in den Rücken, einer Faust im Gesicht und einem mächtigen Schrecken kam der österreichische Student Andreas davon. Ansonsten ist die Metro ein recht sicheres Verkehrsmittel, das die Pariser – sofern nicht gestreikt wird – oft schneller ans Ziel bringt als ein Taxi. Leider ist sie nicht immer so zuverlässig, wie man sich das wünschen würde. Abruptes Bremsen und minutenlanges Stillstehen der Züge im Tunnel sowie plötzliches Erlöschen der Beleuchtung zerren an den Nerven. Die Gründe dafür können häufig auftauchende technische Pannen wie Stromausfall sein, verdächtige Personen, die auf den Schienen spazieren gehen oder auf den Gleisen gesichtete Pakete unbekannter Herkunft, in denen Sprengstoff vermutet wird.

Zu verlängerten Wartezeiten führen auch die »schweren Fahrgastunfälle«, im Klartext: Selbstmorde. Jeden zweiten Tag wirft sich in Paris jemand vor den Zug. Während Reinigungseinheiten die Schienen säubern, nutzen in den Abteilen einige Frauen die Zeit, um ihren Lippenstift nachzuziehen. Die anderen blicken nervös auf die Uhr und fragen sich gestresst, wann es endlich weitergeht.

Auf der Reise durch die französische Hauptstadt werden die sozialen Unterschiede zwischen den zwanzig Arrondissements deutlich. Obwohl ein Großteil der Besserverdienenden das Auto und damit oft erheblich längere Fahrzeiten in Kauf nimmt, kann man doch gewisse demographische Studien betreiben. Im Norden und Osten der Stadt machen Menschen mit dunkler Hautfarbe und Asiaten bis zu neunzig Prozent der Fahrgäste in den Zügen aus, wohingegen sie im vornehmen Westen und im Stadtzentrum weitaus weniger häufig anzutreffen sind.

Im Pariser Untergrund werden nicht nur die Schattenseiten einer Megalopole sichtbar, sondern auch die bunten Facetten einer Kulturmetropole. Im Programm sind Marionettenspieler, Clowns, Pantomimen und Poeten. Unzählige Musiker lassen bisweilen eine volksfestartige Stimmung aufkommen. Sämtliche Instrumente und Stilrichtungen sind vertreten: Chansonsänger, Akkordeonspieler, Streichquartette und

Folksänger. Neben fremdartigen asiatischen Klängen kann man auch afrikanischen Rhythmen lauschen. Unter den Exoten: Ein alter Mann, der einer Säge wunderliche Töne entlockt.

Seite an Seite sitzen Menschen, die sich unter normalen Umständen kaum je über den Weg laufen würden. Originelle »Paare« wie ein arabischer Scheich neben einer verhärmten Rentnerin mit Bettelbüchse, die Lieder von Edith Piaf singt, werden von den gehetzten Parisern jedoch kaum zur Kenntnis genommen.

En passant kann man die Stimmung der Stadt auffangen, Intimitäten zwischen Liebespaaren hautnah miterleben oder unfreiwillig Zeuge diverser Neurosen und Ticks werden. Ein Stresssymptom scheint hauptsächlich 30- bis 40-jährige Männer in Anzug und Krawatte zu befallen: Das Fingernägelknabbern.

Wie sehr man die Pariser Untergrundbahn auch manchmal satthaben mag, was passiert, wenn sie nicht fährt, wurde während des mehrere Wochen andauernden Streiks Ende 1995 deutlich. *Rien ne va plus.* Nichts geht mehr. Eine Stadt im Chaos, wirtschaftlicher Ruin für unzählige Firmen, ganz zu schweigen von der unglaublichen Umweltbelastung. Mit der Metro ist es eben wie in mancher Beziehung. Es gibt Zeiten, in denen man den anderen nicht ausstehen kann. Aber ohne ihn leben? Unmöglich!

(1998)

Chanson sucht Sänger

Als Gérard auf die Bühne des Pariser Cafés Ailleurs steigt, ist die Tinte des Textes, den er gleich vortragen wird, noch nicht ganz trocken. Gérard gehört zu jenen Kreativen, die in dem Künstlertreff an der Bastille zum schöpferischen Austausch zusammenkommen. An ungeraden Samstagen, jeweils von 14 bis 16 Uhr, stellen in der Rue Jean Beausire Chansonschreiber, Poeten, Musiker und Sänger – und solche die es werden wollen – ihre Talente zur Schau und versuchen Kontakte zu knüpfen.

Der Autor Gérard Gaillaguet ist ganz in seinem Element. Für sein Gedicht »Amour clandestine«, das von seiner heimlichen Liebe erzählt, die in den Armen eines anderen schläft, erhält er viel Applaus. Aber Gérard will sich nicht einfach nur darstellen, sondern ist auf der Suche nach Komponisten, die seinen Text vertonen, und Musikern, die ihn zum Besten geben wollen. Andere, wie der 26-jährige Sänger und Gitarrist Martial Vesoul, bieten Melodien im Austausch gegen Texte. Jean-Marc wiederum sucht »seine zweite Stimme«. Er möchte seine Eigenkompositionen mit einer Frau im Duett singen.

Philippe Albaret von der Initiative »Le chantier« (die Werkstatt), die Künstler fördert, indem sie für Auftrittsmöglichkeiten, Kontakte und Begegnungen sorgt, organisiert seit Januar 1997 die Samstagnachmittage im »Ailleurs«. Mitmachen kann jeder, der pünktlich kommt und sich, bevor es losgeht, in die Programmliste einträgt.

Philippe versucht anschließend, Texte mit Musikstücken so abzuwechseln, dass eine ausgeglichene Mischung entsteht. Das Repertoire der Teilnehmer, die er mit Mikrofon ankündigt, reicht vom klassischen französischen Chanson über Rock- und Popklänge bis hin zu afrikanischen Rhythmen. Ein Mädchen singt und tanzt wie in Trance zu sphärischen Klängen. Ein illustrer Sänger mit Künstlernamen Kuriosawa verkündet zu Bluesmusik, dass er – vom Leben gelangweilt – endlich mal den Tod kennenlernen will, aus reiner Neugier.

Eine Alleinunterhalterin reißt mit ihrem Akkordeon die Zuschauer aus den morbiden Gedanken. Sie liebt das Leben, wenn da nicht der Wecker wäre, den sie in »Réveil de choc, électro choc« besingt und der sie allmorgendlich brutal aus süßen Träumen holt. Die vorgetragenen Texte sind lyrisch-poetisch, politisch-kämpferisch oder frivol-erotisch. Unter den Teilnehmern sind Profis, wie der Chansonschreiber Claude Lemesle, dem Größen des französischen Chansons wie Joe Dassin und Michel Fugain einen Teil ihres Repertoires verdanken, und blutige Anfänger, die noch nie auf einer Bühne gestanden haben.

Originale aus der Nachbarschaft sitzen mit vielversprechenden Nachwuchstalenten an einem Tisch. Neben Darbietungen, die auch in größeren Häusern präsentabel wären, muss Philippe bisweilen auch schräge Töne ertragen und übereifrige Hobbydichter zum langsamen Sprechen ermahnen. Auf eine Vorauswahl wird bewusst verzichtet. Philippe: »Wir wollen offen bleiben und jedem eine Chance geben. Gerade die Vielfalt der Darbietungen macht den Reiz der Veranstaltung aus. Die bunte Mischung macht's.«

Zufällig hereingeschneite Gäste finden im »Ailleurs«, zu Deutsch »Anderswo«, ein Paris wieder, das in solch authentischer Form selten geworden ist: Das Paris der Künstler, der Poesie und der Chansons. In den fünfziger und sechziger Jahren gab es im Quartier Latin und in Montmartre viele solcher musikalischen Begegnungsstätten. Dort hatten spätere Stars des französischen Chansons wie Barbara, Jacques Brel, Serge Gainsbourg oder Leo Ferré ihre ersten Auftritte.

Dann gab es lange Zeit nichts Vergleichbares mehr, berichtet Charlotte, die ein Chanson von Claude Lemesle und Gérard Gaillaguet vorträgt und Stammgast im »Ailleurs« ist. Die Samstagnachmittage sind für sie kein reiner Zeitvertreib, sondern eher eine Lebenseinstellung. Sie und all die anderen 17- bis 70-jährigen Kreativen sind mit Enthusiasmus bei der Sache.

Trotz aller Heiterkeit herrscht im »Ailleurs« eine konzentrierte Arbeitsatmosphäre. Ein Großteil des Publikums ist Zuschauer und Darsteller zugleich. Mit von der Partie sind musikinteressierte Zeitgenossen, die Exotik und Unvollkommenheit platter TV-Perfektion vorziehen. Auch einige mehr oder weniger bekannte Persönlichkeiten aus der Kulturszene verirren sich mitunter in die Rue Jean Beausire.

Die Gründe, im »Ailleurs« aufzutreten, in dem abends reguläre Konzertveranstaltungen laufen, sind vielfältig. Für manche ist es das erhoffte Sprungbrett zur Karriere, für andere dient es mehr zur

Selbstdarstellung. Martial und Jean-Marc möchten Profimusiker werden. Für die fünfzigjährige Diane ist es dagegen zu spät für eine Karriere. Jahrzehntelang war sie eine »hundsmiserable Sekretärin«, nun erfüllt sie sich einen alten Traum und steht zum ersten Mal »auf den Brettern, die die Welt bedeuten«. Unabhängig von Motivation und Ambition sind die Samstagnachmittage für alle Teilnehmer gleichermaßen nicht nur eine Quelle der Inspiration, sondern bieten zusätzlich die Möglichkeit, aus der Isolation auszubrechen.

Jean-Marc und Martial können inzwischen von ihren Auftritten leben, doch die meisten gehen einem anderen Broterwerb nach. Laure, die ihre Texte bisher erfolglos einigen französischen Schlagergrößen angeboten hat, lebt nur fürs Schreiben, doch ihr Überleben verdankt sie einer festen Anstellung bei einer Telefongesellschaft. Didier, dessen Kompositionen an Georges Brassens erinnern, ist Darsteller im Werbefernsehen, Gérard betreibt Marktforschung und Charlotte hat einen verantwortungsvollen Posten in der Hotellerie.

Ob professionell oder nicht: Die Troubadoure und Poeten von der Bastille sind hochmotiviert. Mit Ungeduld warten sie auf den nächsten ungeraden Samstag, der für viele ein Ansporn ist, in der Zwischenzeit neue Texte und Melodien zu schreiben.

Im »Ailleurs« findet mancher ums Überleben kämpfende Künstler eine wahre kreative Oase inmitten einer knallharten von Geld und Macht bestimmten Kulturszene. »Hier wachsen viele zarte Pflänzchen im Verborgenen, die vielleicht eines Tages den Weg hinaus ans Licht und an die Öffentlichkeit schaffen«, glaubt Charlotte.

Trotz oder vielleicht gerade wegen einiger Pannen und Patzer geht die anregende und inspirierende Atmosphäre im Café an der Bastille an keinem völlig spurlos vorbei. Im »Ailleurs« ist man einen Nachmittag lang ganz *ailleurs* – ganz woanders.

(1999)

Paris im Streik

Inges Start in der neuen Heimat stand unter einem schlechten Stern. Eine Streikwelle legte wochenlang das Land lahm. »Aber morgen ist der Streik doch zu Ende?«, fragte sie erst noch optimistisch. Ein paar Wochen später fragt sie gar nicht mehr. Ob Metro oder Bus zufällig einmal fahren, ist ihr egal.

Sie nimmt lieber das Fahrrad. Damit kommt die im Großstadtverkehr stresserprobte Radlerin tatsächlich schneller voran als die Autos, die in kilometerlangen Staus feststecken. In Berlin hat die Krankenschwester fast alle ihre Wege mit dem umweltfreundlichen Zweirad zurückgelegt. Doch in Paris findet sie völlig andere Fahrbedingungen vor. Auf Tuchfühlung mit ungeduldig hupenden Bus- oder Motorradfahrern, ohne die Möglichkeit, auf die überfüllten Bürgersteige auszuweichen, muss sie auf ihrer beschwerlichen Fahrt manches Mal um ihr Leben fürchten. Wenn sie nach der Gewalttour endlich mit deutlicher Verspätung bei ihrer Arbeitsstelle ankommt, dreht sich ihr von den Abgasen der Magen um.

Dabei trägt sie schon einen Mundschutz. Andere Verkehrsteilnehmer sind besser ausgerüstet. Immer häufiger sieht sie Rollschuh- oder Fahrradfahrer mit Gasmaske oder einem taucherbrillenähnlichen Augenschutz. Auf ihrem Heimweg trifft Inge auf eine Gruppe japanischer Touristen. Alle tragen wie sie Mundschutz. »Die fühlen sich hier bestimmt wie zu Hause«, meint sie. Trotz alledem hat die junge Frau im Exil noch Glück im Unglück. Andere brauchen mitunter viele Stunden, um zu ihrem Arbeitsplatz zu gelangen.

Wenn Inge abends ausgehen will, wählt sie eine andere Variante der Fortbewegung: Das Trampen. Am Straßenrand trifft sie auf alle Altersklassen und sozialen Schichten: Die alte Frau wie den Geschäftsmann oder den Handwerker in seiner Arbeitskleidung. Alle sind froh über die wiedergewonnene Kommunikation und Menschlichkeit. »Die sonst so stoffeligen Pariser zeigen sich mit einem Mal erstaunlich gesprächig«, freut sich Inge. »Letzte Woche war ich in Afrika, die einen haben nichts, die anderen wollen immer mehr«, erzählt ihr ein dunkelhäutiger Autofahrer. »Die Franzosen sind sehr widersprüchlich«, weiß ein älterer Herr, »sie wollen Reformen aber möglichst ohne Veränderungen. Mit schlimmen Auswirkungen für die Wirtschaft.«

Kurz vor Weihnachten sind sogar die großen aufwendig dekorierten Kaufhäuser wie ausgestorben. Als Inge gerade in der Umkleidekabine einen BH anprobiert, fällt in allen Stockwerken minutenlang das Licht aus. »Die staatlichen Elektrizitätswerke beteiligen sich ebenfalls an dem Streik«, erklärt ihr später die Kassiererin. Danach will Inge noch schnell einen wichtigen Anruf machen. Leider hat sie keine Einheiten mehr auf ihrer Telefonkarte. Eine neue bekommt sie nicht. Die Tabakläden, in denen sie hauptsächlich vertrieben werden, wurden seit Tagen nicht mehr beliefert. Endgültig bange wird ihr, als sie erfährt, dass das Benzin rationiert wird und sich auch die Lkw-Fahrer dem Streik anschließen.

Im Supermarkt nebenan haben sich schon merklich die Regale gelichtet, Hamsterkäufe werden getätigt. Eine Pariser Freundin rät Inge: »Sei nicht so pessimistisch! Man muss das Leben so nehmen, wie es kommt!« Diese positive Einstellung brauchen die Benutzer des speziell für die Streiktage eingesetzten Sonderbusses, der von Nation bis La Défense zuckelt. Es wird gemunkelt, dass er für die 13 Kilometer lange Strecke sieben Stunden gebraucht hat. »Gegen das, was wir jeden Tag durchmachen, ist die Tour de France ein Klacks«, findet Inge und witzelt: »Wenn alles vorbei ist, bekomme ich bestimmt einen Orden. Das Eiserne Kreuz vielleicht. Oder sogar die Eiserne Lunge!«

Kurz vor Heiligabend findet der Streik tatsächlich ein Ende. Die erhoffte Auszeichnung erhält Inge jedoch nicht. Stattdessen fürchtet sie sich vor der angekündigten Fortsetzung des Arbeitskampfes im Januar.

(1998)

Konzertsaal Metro

Mit ordentlichem Gepolter schleppt Bernard Constant seine Instrumente die steile Treppe hinunter. Der Keller in der Rue de Charonne ist weder Tonstudio noch Jazzkneipe, sondern gehört zu den Räumlichkeiten der Pariser Verkehrsbetriebe RATP, in denen seit einem guten Jahr Castings für Metro-Musiker stattfinden. 800 Anträge von Solisten oder Gruppen werden eingereicht, aber nur 250 bis 300 Auserwählte erhalten gegen eine Bearbeitungsgebühr von 100 Francs (30 Mark) den begehrten Anstecker, der es ihnen ermöglicht, offiziell im Pariser Untergrund aufzutreten, ohne Angst von Ordnungshütern verscheucht zu werden.

In den neunziger Jahren erlebte die französische Hauptstadt eine Schwemme von viertklassigen Musikern, die die Trommelfelle der Fahrgäste mit amateurhaftem Geklimper und Gefiedel malträtierten. Eine Umfrage zeigte, dass »Katzenmusik« in den Waggons als Belästigung, qualitativ gute Musik in den Gängen der Metro dagegen durchaus positiv empfunden wird. Das war für die RATP der Anstoß, etwas Struktur in die Musikszene der Pariser Unterwelt zu bringen. Die Idee der Castings war geboren, welche nun halbjährlich abgehalten werden.

Die Glücklichen, denen die sechs Monate gültige – unter Umständen verlängerbare – Spielgenehmigung erteilt wird, müssen folgende Regeln beachten: Sie dürfen nicht aggressiv auftreten oder betteln, müssen sauber und ordentlich gekleidet sein und natürlich gewissen musikalischen Ansprüchen genügen. Musiziert werden darf nur in den Gängen, nicht aber auf Bahnsteigen oder im Zug.

Die Stimmung in der Rue de Charonne ist herzlich. Antoine Naso von der RATP-Organisation »Espace Metro Accords« und verantwortlich für den Ablauf der Castings begrüßt die Teilnehmer wie alte Freunde mit Handschlag oder Küsschen. Musiker aus der ganzen Welt gehen hier ein und aus, wie die Mitglieder von Bantou-Sun aus Kamerun mit ihren Balaphonen (eine Art Xylophon), die in traditionellen Kostümen vorspielen oder die Truppe Mariachi, die in original mexikanischen Trachten singt und tanzt.

Auf musikalische Vielfalt, Qualität und Originalität legt man großen Wert. Unterschiedlichste Stilrichtungen sind vertreten: Jazz, Rock, Folklore und Klassik. Die Fahrgäste sollen weder mit schrillen Tönen verärgert noch mit immer dem gleichen Repertoire gelangweilt werden. Die Castings – laut Antoine Naso eine weltweit einmalige Einrichtung – spiegeln treffend den multikulturellen Charakter der Stadt Paris wider.

Reichtümer anhäufen können die wenigsten mit ihrer Musik. Geld ist zum Glück aber nicht der einzige Grund, die Metro als Spielort zu wählen. Für die schwarze Sängerin Jany Seytor sind Auftritte im Untergrund nicht nur eine ausgezeichnete Übung, sondern darüber hinaus eine hervorragende und dazu noch kostenlose Reklame. Dort hat sie auch sämtliche Mitglieder ihres kleinen Vokalensembles rekrutiert.

Die 100 Francs, die sie pro Stunde verdient, sind für sie darüber hinaus ein nettes Taschengeld.

Elisabeth Jacques, die am Konservatorium Gesang studiert, trifft an ihrem Stammplatz bei der neuen Oper an der Bastille Leute, die ihr beruflich weiterhelfen können. Etwa Mitglieder des Opernchores oder Komponisten. Einmal blieb sogar eine Solistin stehen und trällerte spontan mit ihr im Duett. Elisabeth weiß, dass sie zu den Besserverdienenden gehört. Einige ihrer Kollegen müssen sich mit einem Stundenlohn von 30 Francs (8 Mark) zufrieden geben. Sie kommt an guten Tagen auf 200 Francs (60 Mark) pro Stunde.

Für Frank, der das Didgeridoo (Instrument der australischen Ureinwohner) spielt, ist Geld Nebensache. Wenn er mit seiner Band Yellow Gums zu hören ist, bleibt die Zeit stehen. Auftritte im Pariser Untergrund sind für ihn wie Selbsterfahrung. Er erlebt wunderschöne Momente und trifft außergewöhnliche Menschen.

Bernard Constant dagegen, der mit seiner aus sieben Instrumenten bestehenden One-Man-Band durch die Gegend tingelt, ist der Idealismus schon lange abhandengekommen. Seit dreißig Jahren versucht er, die vorbeihetzenden Pariser mit einer Mischung aus Jazz- und Volksmusik bei Laune zu halten. »Die Zeiten sind härter geworden«, findet er. Früher hatten die Leute für ihn immer ein Lächeln und etwas Kleingeld übrig. Heute, konfrontiert mit Problemen wie Arbeitslosigkeit und Wirtschaftskrise, sei vielen das Lachen vergangen, glaubt der Alleinunterhalter, der für einen Stundenlohn von 15 Mark Schwerarbeit leistet.

An die Freiheit der sechziger und siebziger Jahre denkt er mit Wehmut. Die in den Gängen patrouillierenden, mit Maschinengewehren ausgestatteten Anti-Terror-Einheiten, die Anschläge verhindern sollen, machen für ihn die ganze Stimmung kaputt. Auf seine Spielgenehmigung möchte er trotzdem nicht verzichten, denn die kann neue Türen öffnen.

»Espace Metro Accords« entwickelt sich zunehmend zu einem Künstlerdienst. Sämtliche Auftritte werden mit einer Videokamera festgehalten und alle erfolgreichen Teilnehmer kommen in eine Kartei, zu der auch Firmen und Veranstalter Zugriff haben. Viele Musiker kommen auf diese Weise zu Engagements.

Zur Einstimmung auf die Fußball-Weltmeisterschaft bietet die RATP im Mai und Juni Kultur zu Ehren der Teilnehmerstaaten. »Deutsche Tage« finden auf fünf Bahnhöfen der Linie 10 (Boulogne–Gare d'Austerlitz) statt. Mit dabei sind unter anderem auch Chile (Linie 5), Kamerun (Linie 11), Brasilien (Linie 12) und Jamaika (Linie 8).

Neben Ausstellungen, Modenschauen und kulinarischen Kostproben stehen auch Musik- und Tanzvorstellungen auf dem Programm. Die Künstler stammen zum größten Teil aus der hauseigenen Kartei. Weitere Veranstaltungen dieser Art sind geplant.

Sechs Millionen potentielle Zuschauer befördert die Pariser Metro täglich. Die meisten von ihnen schätzen diese Form kostenloser Unterhaltung. Ein Teil der Musiker und Gruppen hat unter den Fahrgästen sogar eine feste Fangemeinde und wird – wie Bantou-Sun – zu Auftritten bei privaten Festlichkeiten geladen.

In einer Zeit, in der viele den Besuch teurer Opernhäuser oder anderer elitärer Institutionen scheuen, wird die Metro immer mehr zu einer für jedermann zugänglichen kulturellen Begegnungsstätte. Ein älterer Herr, der bei einem Streichorchester haltgemacht hat, das Rimski-Korsakow zum Besten gibt, genießt den kurzen Moment der Entspannung zwischen Büro und Supermarkt. Hinter einem harten, oft tristen Alltag entdecke er ein gewaltiges Potential an Wärme und Menschlichkeit, erzählt er.

Auf ihre Kosten kommen vor allen Dingen auch die Pariser Verkehrsbetriebe, die ihren Fahrgästen hochwertige musikalische Unterhaltung bieten können, ohne dafür in die Tasche greifen zu müssen. Nur für Veranstaltungen im größeren Rahmen werden die Künstler von der RATP bezahlt. Darüber hinaus vermittelt die Präsenz der Musiker den Fahrgästen der Metro ein Gefühl von Sicherheit.

Die Sängerin Jules, die Melodien und Texte ihrer »australischen Traummusik« selbst schreibt, ist der Meinung, Antoine Naso sollte seinen Beruf an den Nagel hängen und Agent werden. Ein schöneres Kompliment hätte sie dem Musikfan kaum machen können. Der freut sich schon auf die nächsten Castings im September.

(1998)

Unglückliche Franzosen

In den Augen der Deutschen sind die Franzosen Lebenskünstler, denn sie verstehen – so scheint es – die Kunst, das Leben zu genießen. Das Feinschmeckervolk ist stilvoll gekleidet, verfügt über Charme und Finesse und vor allen Dingen über Lebensart. Darüber hinaus hat es das Glück, an einem der schönsten Flecken dieser Erde zu Hause zu sein, der landschaftlich abwechslungsreich und für seine Vielfalt an kulinarischen Köstlichkeiten bekannt ist. 71 Millionen Menschen, allen voran die Deutschen, besuchten im vergangenen Jahr das Land, von dem es heißt, dass man dort leben kann »wie Gott in Frankreich«.

Wie erklärt es sich angesichts solch »himmlischer« Umstände, dass es jenseits des Rheins immer mehr Lebensmüde gibt? Jeden Tag scheiden in Frankreich 33 Menschen freiwillig aus dem Leben. In den letzten 25 Jahren hat die Zahl der Selbstmorde um 50 Prozent zugenommen und beläuft sich heute auf rund 12 000 pro Jahr (3000 mehr als im Straßenverkehr), wobei die Zahl der Versuche auf mindestens 150 000 geschätzt wird.

Im bevölkerungsreicheren Deutschland verlief die Entwicklung genau umgekehrt. Von 1976 bis heute sank die Suizidzahl von rund 19 000 auf etwa 12 000 pro Jahr. Die Tendenz ist weiter rückläufig.

Auch wenn Frankreich von Ländern wie Russland, China und Finnland der Rang abgelaufen wird, belegt La Grande Nation mittlerweile einen Spitzenplatz in den Selbstmordstatistiken der Industrienationen.

Die steigende Lebensmüdigkeit wird in Frankreich mit Besorgnis registriert. In der Altersgruppe der 15- bis 24-Jährigen steht der Selbstmord als Todesursache an zweiter Stelle, bei den 25- bis 34-jährigen Männern belegt er sogar den ersten Platz.

Das beliebte Urlaubsland bricht noch andere traurige Rekorde. Die französischen Medien verliehen den eigenen Landsleuten den zweifelhaften Titel »Weltmeister im Tablettenschlucken«. Verkaufsschlager der Apotheken sind Psychopharmaka, Schlaf-, und Beruhigungsmittel. Während viele Deutsche versuchen, sich erst einmal mit Baldrian und Johanniskraut zu kurieren, greifen die Franzosen oft gleich zu schweren Geschützen wie Valium und den schnell süchtig machenden Benzodiazepin-Derivaten. Vor dem Gang zum Psychologen scheuen sich viele, denn eine Psychotherapie ist in weiten Kreisen der französischen Bevölkerung immer noch ein Tabu.

Unterstützt wird diese Haltung von der Sécurité Sociale, der staatlichen französischen Krankenversicherung, schließlich kostet das schnelle Ausstellen eines Pillenrezeptes weit weniger als eine langwierige Psychotherapie. Die Pharmaindustrie, die dank des Elends der vielen Medikamentenabhängigen satte Gewinne einstreicht, kommt auf ihre Kosten.

Ergebnis einer solchen Gesundheitspolitik: Jenseits des Rheins werden dreimal so viel Psychopharmaka wie in Deutschland geschluckt, bei den Beruhigungsmitteln ist es sogar die fünffache Menge. Besonders beliebt sind die kleinen bunten Seelentröster bei den

Frauen, die Männer ertränken ihren Kummer lieber in Rotwein oder Calvados.

Trinken hat in Frankreich Tradition. Alkohol gehört zum gesellschaftlichen Leben. Beinahe undenkbar ein Mittag- oder Abendessen, bei dem die Flasche Wein nicht auf dem Tisch steht. Wer es wagt, einen guten Tropfen und diverse Aperitifs und Digestifs auszuschlagen, macht sich verdächtig. Ungesundes Trinkverhalten wird als nationale Besonderheit verharmlost, kritisiert die Tageszeitung *Le Monde*, die es bedauernswert findet, dass Frankreich seine Führungsposition in einer wenig schmeichelhaften Kategorie, nämlich der des höchsten Alkoholkonsums, unter Beweis stellt. In einem Kopf-an-Kopf-Rennen belegt es zusammen mit Luxemburg und Portugal die Spitzenplätze der Alkoholstatistiken, vor der Bundesrepublik, die »nur« auf Platz 7 kommt.

Französische Gesundheitsbehörden schätzen die Zahl der chronisch Alkoholabhängigen auf zwei Millionen. Über fünf Millionen leiden unter den Konsequenzen ihres exzessiven Trinkens, das ihnen gesundheitliche Störungen und Schwierigkeiten am Arbeitsplatz beschert. Das düstere Bild vom Leben zwischen Paris und dem Mittelmeer überrascht. Verantwortliche und Experten suchen nach Erklärungen für die steigende Lebensangst der Franzosen und machen wirtschaftliche und gesellschaftliche Verhältnisse verantwortlich.

In den letzten Jahrzehnten haben in Frankreich bedeutende Umbrüche stattgefunden. Arbeits- und Lebensbedingungen haben sich drastisch verändert.

Der Einzelne ist wachsendem Druck ausgesetzt. Der Alltag ist wenig idyllisch und entspricht so gar nicht dem Bild, das wir Deutschen vom Leben unserer Nachbarn jenseits des Rheins haben. Gleichzeitig besteht das Dasein vieler Deutscher, die von ihren Reisen nicht nur neue kulinarische Spezialitäten im Gepäck, sondern auch einiges an »Savoir-vivre« (Lebensart) mitgebracht haben, schon lange nicht mehr nur aus Arbeit.

Soziologen vermuten außerdem, dass Deutsche mit Problemen aktiver und direkter umgehen, während Franzosen dazu tendieren, eine eher passive und fatalistische Haltung einzunehmen. Dazu versuchen sie aus falsch verstandenem Stolz, auch bei gravierenden Schwierigkeiten, um jeden Preis die Fassade zu wahren.

In einer Umgebung, in der Probleme nicht ausgesprochen werden dürfen und nach außen hin heile Welt vorgegaukelt werden muss, werden gesellschaftliche Phänomene wie Arbeitslosigkeit und Zerfall der Familie oft als persönliches Versagen gewertet. Dass unter den Selbstmördern mehr Menschen mit geringem Einkommen und Arbeitslose vertreten sind, zeigen Untersuchungen zu dem Thema deutlich. Dies reicht aber als Erklärung der Situation in Frankreich allein nicht aus. Auch andere Länder sind von wirtschaftlichen Schwierigkeiten und Arbeitslosigkeit betroffen, wie etwa Großbritannien, wo die Selbstmordrate um 60 Prozent niedriger ist als in Frankreich.

(1999)

Amerikaner haben einen Traum: Paris

Eigentlich wollte Bobby um die Welt segeln, dann blieb sie in Paris hängen. Das war vor 17 Jahren. Seitdem lebt die 55-jährige Amerikanerin Sommer wie Winter auf ihrem kleinen Segelboot am Ufer der Seine mitten in Paris. Die kräftige Frau mit den langen, blondgefärbten Haaren, die für ihr Leben gern Marshmallows isst, sieht sich nicht als typische Amerikanerin. Sie zählt sich zu den Rebellen, denen es gelungen ist, aus der amerikanischen Mittelstandslangeweile auszubrechen.

Bobby unterrichtet Englisch per Telefon, direkt von ihrem Boot. Doch nach Feierabend schreibt sie in der engen Kajüte Gedichte und Kurzgeschichten. Ihre Vorbilder sind Henry Miller und Scott Fitzgerald, die genau wie sie in Paris, zumindest zeitweise, ihre Heimat gefunden hatten.

Künstler und Träumer wie Bobby kommen scharenweise in die französische Hauptstadt und machen sich auf die Suche nach der guten alten Zeit, nach dem Paris der zwanziger und dreißiger Jahre, als noch Ernest Hemingway in inzwischen legendär gewordene Restaurants wie die »Closerie des Lilas« oder die »Brasserie Lipp« einkehrte.

Diese schöngeistigen Besucher aus der »neuen Welt« haben wenig gemein mit dem Durchschnittsamerikaner, der auf seinem obligatorischen Europatrip durch die Städte hetzt und dabei Eiffelturm und Notre Dame bestaunt, als wären es Attraktionen in einem Vergnügungspark. Für US-Bürger mit dem entsprechenden Kleingeld wiederum ist Paris, so Bobby, »ein Statussymbol, das noch in der Sammlung fehlt«. Ein Luxusartikel wie eine Yacht oder eine Villa auf Long Island. In gewissen Kreisen beglückt ein Mann seine Frau statt mit Diamanten zur Abwechslung auch mal mit einer Reise nach Paris.

In den Augen ihrer Familie gilt Bobby als Exotin. Niemand versteht so recht, wieso sie als Frau mit vielversprechenden Möglichkeiten eine sichere Existenz mit Einfamilienhaus und großem Wagen gegen ein Leben als Bohémien in Paris eintauschen konnte. Doch genau wie vielen ihrer Landsleute mit ähnlich idealistischer Motivation – darunter einige bekannte, wenn auch weitaus mehr verkannte Künstler – ist ihr kein Opfer zu groß, um weiterhin in der Stadt an der Seine leben zu können.

Auch der frühere Anwalt John kann sich ein Leben in Amerika nicht mehr vorstellen. Er verzichtete auf Familie und Karriere und wählte stattdessen ein Leben als Poet in Paris. In Kneipen organisiert er Lesungen in englischer Sprache. Der einstmals beruflich erfolgreiche 65-Jährige, der seinen Lebensabend voraussichtlich in einer winzigen Einzimmerwohnung verbringen wird, bereut seine Entscheidung nicht. »Wäre ich in Amerika geblieben, wo nur Äußerlichkeiten wie Geld und Macht etwas zählen, wäre ich schon längst tot«, kommentiert er. Von der französischen Sprache beherrscht er nach 25 Jahren in Paris nur ein paar Brocken.

Kontakt zur einheimischen Bevölkerung hat er kaum. Die meiste Zeit verbringt er mit seinesgleichen:

Aussteigern aus dem angelsächsischen Raum. Das anregende Flair der französischen »Capitale« und deren hollywoodkulissenartige Schönheit geben ihm die nötige Inspiration, die er zum Schreiben braucht.

Den in Louisiana geborenen Jim Haynes verschlug es vor 30 Jahren in die Metropole an der Seine, mit der er *party time* assoziiert und das im wahrsten Sinne des Wortes. Seit einem Vierteljahrhundert organisiert der Autor und Verleger, der mit Henry Miller und Samuel Beckett befreundet war, an Sonntagabenden seine legendären Dinner-Partys in der Nähe von Montparnasse, natürlich Rive Gauche, dort wo sich die meisten Amerikaner niedergelassen haben, und knüpft damit an die frühere Salonkultur an.

In seiner Atelierwohnung, die dem Maler Henri Matisse gehörte, waren über die Jahre etwa 100 000 Gäste – Filmemacher, Journalisten, Musiker, Schriftsteller und Neugierige – aus der ganzen Welt. Paris ist für Haynes eine Art Lebensphilosophie.

Anderen geht es weniger um das Lebensgefühl als darum, mit einer Vorzeigeadresse Eindruck zu schinden. »Paris macht sich gut«, weiß Ted, Sprössling eines steinreichen Clans der Filmbranche. Seit er sein Atelier in die Stadt an der Seine verlegt hat, interessieren sich endlich auch New Yorker Galerien für seine Werke.

Familien der amerikanischen High Society lassen für die Sommeruniversität ihrer Kids gerne mal ein kleines Vermögen springen, denn Sprachkenntnisse und Auslandsaufenthalte gehören zum guten Ton. Die

Youngsters haben natürlich alles andere im Kopf als ein ernsthaftes Studium.

Auch ältere, gutbetuchte Semester zieht es nach Paris. Sie werden auf ihre alten Tage aktiv und belegen Sprach-, Foto- und Malkurse. 1,2 Millionen US-Bürger kommen jedes Jahr über den Atlantik in die französische Hauptstadt und übertreffen damit zahlenmäßig alle anderen Besuchernationen. Nach Angaben der US-Botschaft leben in Paris 75 000 Amerikaner. Nicht inbegriffen in diesen Zahlen sind all diejenigen, die sich ohne Arbeits- und Aufenthaltsgenehmigung manchmal jahrzehntelang durchschlagen.

Für die einen ist Paris nur eine Zwischenstation, andere bleiben ein Leben lang. Offiziell in Frankreich leben und arbeiten dürfen nur Amerikaner, die von ihrer Firma geschickt wurden oder in internationalen Organisationen beschäftigt sind. Auch wer irische Vorfahren nachweisen kann, erhält im Allgemeinen eine Arbeitserlaubnis. Die anderen müssen zusehen, wie sie sich nach dem Sprung über den großen Teich über Wasser halten.

Acht Jahre jobbte Jerry ohne gültige Papiere, erst als Babysitter und später – wie viele seiner Landsleute – als Englischlehrer, bis er seine spanische Frau kennenlernte und heiratete. Durch die Eheschließung mit einer EU-Bürgerin erhielt er endlich seine *carte de séjour* (Aufenthaltsgenehmigung) und damit das Recht, sich offiziell Arbeit und Wohnung zu suchen. Sehr zum Leidwesen seines früheren Vermieters, der wie viele andere Kapital aus der Blauäugigkeit der Amerikaner schlägt, denen aus Liebe zu Paris nichts zu teuer ist. Für seine sieben Quadratmeter große, illegal vermietete Unterkunft im Quartier Latin zahlte Jerry monatlich umgerechnet 600 Mark.

Solch beengte Wohnverhältnisse lernten Daniel und Donna niemals kennen. Daniels Firma stellte ihnen eine geräumige Wohnung mit Blick auf die Seine zur Verfügung. Wie viele Amerikaner in Paris leben sie in einer Welt für sich. Die Kinder haben ein amerikanisches Kindermädchen, besuchen zurzeit noch einen amerikanischen Kindergarten und kommen danach auf eine amerikanische Schule. Wenn sie krank sind, werden sie im American Hospital behandelt. Längst haben die Amerikaner auch ihre Therapiekultur in die französische Hauptstadt importiert.

Diverse US-amerikanische Vereine sind ebenfalls in Paris ansässig. Mit »Weight Watchers« kann man Gewicht verlieren, bei »Toastmasters« kann man sich im Vortragen von originellen Trinksprüchen üben. Literaten und Studenten treffen sich bei »Shakespeare & Company«, einem Buchladen, der schon manch berühmten amerikanischen Schriftsteller zu seinen Kunden zählte.

Wichtige Anlaufstelle ist die »American Church«, wo nicht nur Gottesdienste und Hochzeitszeremonien abgehalten werden – alles auf Englisch versteht sich – sondern auch Annoncen für Wohnungs- und Arbeitssuchende aushängen und diverse Selbsthilfegruppen tagen. In letzteren findet man einen bunten Querschnitt durch die amerikanische Emigrantengemeinde von Paris: Geschäftsleute, Wissenschaftler, Studenten, Künstler, Film- und Popstars, Fotomodelle, aber auch hoffnungslose Träumer und Gestrauchelte, sie alle brauchen einen Platz, um sich ihren Kummer von der Seele zu reden.

Alles in allem steht die französische Hauptstadt in der Gunst der US-Amerikaner ganz oben. Einige sind sogar bereit, für ihre Traumstadt alles zu opfern. Dass diese auch nach dem Tode nichts von ihrer Faszination verloren hat, zeigt das Bonmot von Oscar Wilde: »When good Americans die they go to Paris.« (Wenn gute Amerikaner sterben, gehen sie nach Paris). Tatsächlich erhält der Prominentenfriedhof »Père Lachaise«, wo auch Landsmann Jim Morrison begraben ist, immer wieder Anfragen von Amerikanern, deren Herzenswunsch es ist, eines Tages ihre letzte Ruhestätte in direkter Nachbarschaft von Marcel Proust oder Molière zu finden.

(1999)

Zuchthaus für die Beschneiderin

Sie wollte nichts als eine gute Mutter sein. Die rundliche Frau aus Mali, in traditionelle, leuchtend blaue und gelbe Tücher gehüllt, erweckt spontan Vertrauen. »Bei uns schneidet man dem Mädchen *das* ab«, erzählt sie. »Dann ist es sauber, denn welcher Mann will eine Hure zur Frau?« Sie und ihr Mann, ein schlanker, hochgewachsener Angestellter der Pariser Müllabfuhr, waren mit dem Gesetz bisher noch nie in Konflikt geraten. Trotzdem stehen diese rechtschaffenen Leute seit gestern in Paris vor Gericht, denn sie haben sich eines Verbrechens schuldig gemacht: Sie haben ihre in Frankreich geborenen Töchter beschneiden lassen.

Auf der Anklagebank im Pariser Schwurgericht sitzt vom 2. bis zum 16. Februar ein buntes Völkchen mit schwarzen Gesichtern. Obwohl die 23 Mütter und drei Väter aus Mali, dem Senegal und Mauretanien vor Prozessbeginn durchaus auch moderne Kleidung trugen, erscheinen sie zu den Verhandlungen nur noch in farbenprächtigen afrikanischen Gewändern, als wollten sie damit eine Rückbesinnung auf ihre Traditionen demonstrieren.

Mit auf der Anklagebank sitzt Hawa Gréou, die Beschneiderin, die fünfzehn Jahre lang in Paris »praktizierte« und dabei unzähligen Mädchen mit einem scharfen Rasiermesser Klitoris und Schamlippen entfernte. Noch am Morgen ihrer Verhaftung hatte sie mehrere Mädchen verstümmelt. Bei einem Schuldspruch droht ihr nun eine Höchststrafe von zwanzig Jahren.

Die meisten der Angeklagten leben bereits über zwanzig Jahre in Frankreich, trotzdem machten sie ihre Aussagen nur in ihrem Stammesdialekt Soninke unter Zuhilfenahme einer Dolmetscherin. Was die Justiz ihnen eigentlich vorwirft, konnten oder wollten sie nicht recht begreifen: »Wir haben unsere Töchter beschneiden lassen, wie es uns die Tradition lehrt. Was soll daran schlecht sein?«

Keine leichte Aufgabe für die Richter, Anwälte und Geschworenen, in die mysteriöse Welt der Angeklagten vorzudringen, die trotz intensiver Aufklärungskampagnen seit Anfang der achtziger Jahre nicht gewusst haben wollen, dass Genitalverstümmelung in Frankreich ein Verbrechen ist.

Frankreich ist wegen der vielen schwarzafrikanischen Einwanderer schon lange mit dem Problem konfrontiert. Bereits Ende der siebziger Jahre wurden erste Fälle auf französischem Territorium registriert. Der Tod der kleinen Bobo 1982, einem drei Monate alten Mädchen, das nach dem Eingriff »bis auf den letzten Tropfen ausblutete«, rüttelte die Öffentlichkeit wach.

Anfangs war die Gesetzgebung schwammig. Zwar galt der verbotene Eingriff als vorsätzliche Körperverletzung, doch wollte die französische Justiz unwissende schwarze Einwanderer, »die nichts anderes taten, als sich den Regeln ihres Herkunftslandes zu unterwerfen«, nicht übertrieben hart bestrafen. Ab Mitte der achtziger Jahre galt die Beschneidung jedoch als Verstümmelung und damit als Verbrechen.

Um den Tätern ihr blutiges Handwerk legen zu können, müssten die Opfer klagen, fordern

Interessenverbände seit langem. Genau das war in diesem Prozess erstmalig der Fall. Die 1975 geborene Jurastudentin Mariatou Koita zeigte ihre Mutter und die Beschneiderin an, sobald sie volljährig wurde. Dass sich ein schwarzes Mädchen gegen die Genitalverstümmelung auflehnt, entschärft das Argument jener Kritiker, die meinen, die Weißen seien einfach nicht in der Lage, die afrikanischen Sitten und Bräuche zu verstehen.

Mit der Pflege alter Traditionen haben die in Frankreich durchgeführten Beschneidungen wenig zu tun. Was ursprünglich Teil eines Initiationsritus war, der Mädchen zur Frau machen sollte, wird heute hauptsächlich an Kleinkindern und Säuglingen durchgeführt. Viele wissen lange Zeit gar nicht, dass sie beschnitten sind, und erfahren zufällig, beim Sport oder beim Arzt, dass sie »anders« sind. Ein Mädchen hörte im Schulunterricht von der Beschneidung. Zu Hause erzählte sie ihrer Mutter freudestrahlend: »Ich bin so froh, dass mir das nicht passiert ist!« Der Mutter fehlte einfach der Mut, ihrer Tochter einzugestehen, dass sie schon als Baby »operiert« worden war.

Die Anwältin Linda Weil-Curiel, die der weiblichen Beschneidung seit fast zwanzig Jahren den Kampf angesagt hat, warnt davor, diese als kulturelle Eigenart zu verharmlosen, weil sie für die betroffenen Frauen massivste gynäkologische und seelische Auswirkungen hat. Viele sterben an Infektionen oder werden unfruchtbar. Ihre Haltung: »Alle Kinder verdienen vor dem Gesetz den gleichen Schutz, unabhängig von ihrer Hautfarbe.« Nach Schätzungen sind in Frankreich derzeit mindestens 10 000 Mädchen in Gefahr, verstümmelt zu werden.

Die Opfer vertreten unterschiedliche Positionen, Mariatous Schwester Sira, die »gute« Tochter, die unerschütterlich zur angeklagten Mutter hält, behauptet, trotz verstümmelter Vagina ein erfülltes Sexualleben zu haben. Der zwanzigjährigen Maïmouna dagegen, einer weiteren Schwester der Familie Koita, ist ihre Beschneidung – sie war damals fünf – als ein Akt der Barbarei in Erinnerung geblieben, von dem sie sich wohl ihr Leben lang nicht erholen wird.

Die angeklagte Beschneiderin Hawa Gréou, die zahllosen Mädchen ohne Betäubung Klitoris und Schamlippen entfernt hat, wirkt mit ihrem weißen, um Hals und Kopf geschlungenen Tuch fast wie eine Ordensschwester. Obwohl gegen sie seit 1988 ein Verfahren lief und sie es besser hätte wissen müssen, machte sie bis zu ihrer Festnahme 1994 weiter. Sie habe nur Allah gehorcht und »helfen« wollen, beteuerte die fromme Muslimin, aber nach fast fünf Jahren Untersuchungshaft sei ihr klargeworden, dass Beschneidungen verboten sind.

Nebenklägerin Mariatou Koita ist von der Schuld der Angeklagten überzeugt. Die Jurastudentin glaubt, ihre Mutter habe genau wie die anderen gewusst, dass die Beschneidung in Frankreich verboten ist. Warum sonst wären sie und ihre Schwestern in aller Heimlichkeit in einem Badezimmer und nicht in einem Krankenhaus »operiert« worden?

Nach zwei Wochen oftmals zäher Verhandlung wurde am 16. Februar 1999 das Urteil gesprochen:

Acht Jahre Zuchthaus für die Beschneiderin, zwei Jahre Haft für die Mutter von Mariatou Koita. Die anderen Eltern erhielten drei- bis fünfjährige Freiheitsstrafen, die zur Bewährung ausgesetzt wurden. Die Härte der Strafen soll dazu beitragen, dass der unglückseligen Tradition ein Ende gesetzt wird. In diesem bislang größten Beschneidungsprozess wurde den minderjährigen Opfern erstmals Schadenersatz in Höhe von 80 000 Francs (25 000 Mark) zugesprochen. Auch Mariatou Koita hat als Zivilklägerin Anspruch auf diese Entschädigung. Doch der jungen Frau ging es in erster Linie um die Information der Öffentlichkeit: »Niemand soll mehr sagen können, er habe von nichts gewusst.«

(1999)

In Frankreich normal: die mehrfache Staatsangehörigkeit

Im Pariser Norden und Osten glauben sich Touristen und Einheimische bisweilen nicht in Frankreich, sondern irgendwo zwischen Algier und Dakar. Die Wochenmärkte ähneln orientalischen Basaren, die Marktschreier brüllen auf Arabisch. Schwarze Arbeiter schleppen Säcke voll Reis oder Bohnen auf dem Rücken, während die Frauen ihre Einkäufe elegant auf dem Kopf balancieren. Doch bei aller Exotik: Bei den meisten dieser Menschen handelt es sich um französische Staatsbürger.

Gemäß des jenseits des Rheins angewendeten Immigrationsmodells wird eine Zugehörigkeit zur französischen Nation jedem angeboten, der schon eine gewisse Zeit in Frankreich lebt und den Wunsch hat, Franzose zu werden. Anders als in Deutschland, wo die Staatsangehörigkeit in erster Linie durch die Abstammung weitergegeben wird *(jus sanguinis)*, etabliert in Frankreich der Geburtsort das Recht auf die französische Staatsbürgerschaft *(jus soli)*.

So erhalten die in Frankreich geborenen Kinder von Einwanderern das Recht auf einen französischen Pass. Seit einer Reform im Jahre 1993 wird die Staatsbürgerschaft nicht mehr automatisch erteilt, sondern kann ab dem 13. Lebensjahr beantragt werden, sofern die Kinder mindestens fünf Jahre in Frankreich gelebt haben. Einen solchen Antrag können auch all jene Zuwanderer stellen, die sich mindestens fünf Jahre legal in Frankreich aufgehalten haben.

Für die Einbürgerungsformalitäten verlangen die französischen Behörden keine Entlassungsurkunde aus dem Herkunftsland. Daher ist die doppelte oder gar dreifache Staatsangehörigkeit jenseits des Rheins keine Seltenheit.

Frankreich ist traditionell ein Einwanderungsland. Anfang des Jahrhunderts kamen Belgier und Italiener, zwischen dem Ersten und Zweiten Weltkrieg Russen, Polen und osteuropäische Juden, später gesellten sich Spanier, Portugiesen und schließlich die Nordafrikaner dazu. Nord- und Schwarzafrikaner, die vor dem Ende der französischen Kolonialherrschaft in den ehemaligen Kolonien geboren wurden, können durch »Reintegration« die Staatsbürgerschaft erlangen. Zur derzeitigen Immigrantengeneration können etwa 4,5 Millionen Menschen gerechnet werden, von denen 1,5 Millionen die französische Staatsbürgerschaft erlangt haben.

Nicht in diesen Statistiken enthalten sind all jene Einwanderer, die schon vor längerer Zeit Franzosen geworden sind, deren Kinder sowie die zwei Millionen Kinder der heutigen Immigranten. Schätzungen besagen: Hätte Frankreich in diesem Jahrhundert auf Zuwanderer verzichtet, läge die Bevölkerungszahl nicht bei 59, sondern nur bei 45 Millionen Menschen.

Untersuchungen zeigen: Jeder vierte Franzose hat mindestens einen ausländischen Großelternteil. Einige der Nachfahren, heute oft »französischer« als mancher Franzose, sind auch in den Reihen der ultra-rechten Partei Front National zu finden, deren Slogan lautet: »Frankreich den Franzosen.«

Frankreich betreibt eine liberale Ausländerpolitik und zeigt sich großzügig bei der Vergabe der Staatsangehörigkeit, denn wer »dazu gehört«, sei eher bereit, Verantwortung zu tragen. Vor dem Hintergrund wachsender gesellschaftlicher Probleme wie Wirtschaftskrise und Arbeitslosigkeit nimmt allerdings auch in Frankreich die Ausländerfeindlichkeit zu.

Zwischen den Zugewanderten aus verschiedenen Nationen sind erhebliche Unterschiede zu verzeichnen. Einigen, wie den schon vor langer Zeit eingewanderten Italienern, ist die perfekte Integration gelungen, andere fühlen sich, obwohl sie selbst und zum Teil auch ihre Eltern in Frankreich geboren wurden – trotz Staatsbürgerschaft – immer noch nicht als Franzosen, sondern als Bürger zweiter Klasse.

Der französische Staat, der glaubte, mit dem weltlichen Ganztagsschulsystem gleiche Startchancen für alle zu bieten, ging – nach Ansicht der Einwanderer – zu wenig auf kulturelle Unterschiede und Bedürfnisse vieler Immigranten ein. Unzureichende Infrastrukturen in trostlosen Vorstadtsiedlungen, in denen sich diese Bevölkerungsgruppen konzentrieren, und eine extrem hohe Arbeitslosigkeit, die bei jungen Erwachsenen nord- und schwarzafrikanischer Herkunft bis zu 50 Prozent betragen kann, begünstigen eine Ghettobildung, Handel und Konsum von Drogen, Gewalt an Schulen, Kriminalität und Vandalismus.

Außerhalb der Vorstadtsiedlungen verläuft das Zusammenleben der Einwanderer aus aller Welt jedoch meist friedlich, sorgt für kulturelle und kulinarische Vielfalt und schafft ein weltoffenes Flair. Die

Fußball-Weltmeisterschaft 1998 zog die Aufmerksamkeit der Weltöffentlichkeit auf den multikulturellen Aspekt der französischen Gesellschaft. Torschütze Zinédine Zidane, Sohn algerischer Einwanderer, der in einer der berüchtigten Cités von Marseille aufwuchs, avancierte zum Helden der Nation. Trotz aller Unterschiede in Kultur, Religion und Hautfarbe trugen die Spieler der Nationalelf den Sieg davon und halfen so bei der Verwirklichung des »französischen Traums«. Ein Traum, der ohne einen französischen Personalausweis nicht möglich gewesen wäre.

(1999)

Volkszählung: Einladung zum Aperitif inklusive

Die 1999 durchgeführte Volkszählung löste keine Protestwelle aus wie seinerzeit in Deutschland. Niemand rief jenseits des Rheins zum Boykott auf. Trotzdem war die aufwendige und umgerechnet 400 Millionen Mark teure Aktion eine schwere Geburt. Die Volkszähler stießen auf zahlreiche Hindernisse. Verwirrung stiftete unter anderem ein »falscher Fragebogen«, der in der französischen Hauptstadt zirkulierte und Fragen nach Details aus dem Intimleben der Pariser, wie etwa deren sexuelle Vorlieben, enthielt. Nun wurden erste Ergebnisse bekannt.

Die französische Bevölkerung hat die Hürde von 60 Millionen übersprungen. Genau 60 082 000 Menschen auf französischem Boden ermittelte die von INSEE (französisches Institut für Statistik und Wirtschaftsforschung) durchgeführte Volkszählung. 1990 waren es nur knapp mehr als 58 Millionen, was einen Zuwachs von über zwei Millionen Einwohnern in neun Jahren bedeutet. Eine andere wichtige Tendenz: In den Stadtzentren siedeln sich wieder mehr Menschen an. Immer weniger möchten in anonymen, schnell hochgezogenen Vorstädten leben. Sie möchten entweder richtig aufs Land oder in einer Großstadt mit kulturellem Angebot zu Hause sein.

Die großen Verlierer sind Paris und seine Vororte. Immer weniger Menschen sind bereit, die schlechte Lebensqualität in und um die französische Hauptstadt zu akzeptieren: Lange Fahrtzeiten zur Arbeit, horrende

Mietpreise und eine kaputte Umwelt. Etwa eine halbe Million Bewohner haben in den letzten neun Jahren den Île-de-France genannten Großraum von Paris verlassen. So wurde nicht wie erwartet die Grenze von 11 Millionen Einwohnern überschritten. Der leichte Anstieg, der dennoch zu verzeichnen ist, ist hauptsächlich der hohen Geburtenrate zu verdanken. Als zunehmend beliebte Region stellte sich dagegen das Elsass heraus, dessen Bevölkerungszuwachs sich seit 1990 fast verdoppelt hat.

Die erste Volkszählung erlebte Frankreich bereits im Jahre 1805 unter Napoleon I. Bei der diesjährigen Aktion, die in diesem Frühjahr begann, handelt es sich bereits um die dreiunddreißigste Zählung, deren Ablauf allerdings durch unvorhergesehene Probleme gestört wurde. Volkszählerin Isabelle Bugeaud glaubte einen lockeren Wochenend- und Feierabendjob ergattert zu haben, doch der stellte sich bald als zeit- und nervenaufreibende Schwerarbeit heraus. Dafür erhielt sie einen Stundenlohn von umgerechnet 4,50 Mark.

Schon der Zutritt zu den Häusern und Wohnungen schien unüberwindbar. Die größte Hürde: Der in Frankreich übliche Türcode. Nur nach Eingabe einer geheimen Zahlenkombination lässt sich die Haustür öffnen. Aber auch nicht vorhandene Klingelanlagen und abgerissene Namensschilder machten den 120 000 Volkszählern das Leben schwer. Wenn es ihnen schließlich doch gelungen war, den Fragebogen zu verteilen, stellte sich heraus, dass selbst Akademiker mit dem Ausfüllen der eigentlich recht simplen Formulare überfordert waren.

So konnten die Bögen nicht, wie geplant, fertig ausgefüllt eingesammelt, sondern mussten jeweils einzeln bearbeitet werden. Dass Isabelle und ihren Kollegen dabei mancher Aperitif angeboten wurde, wirkte sich zwar positiv auf die zwischenmenschlichen, nachbarschaftlichen Beziehungen aus, war aber für die Arbeit nicht immer förderlich. Einige der Volkszähler, denen es nach Wochen nicht gelungen war, auch nur die Hälfte der Formulare ausgefüllt zurückzubekommen, beantworteten die Fragen in ihrer Verzweiflung einfach selbst. Am Ende traten sie alle gemeinsam in den Streik, was zu einer weiteren Verzögerung führte.

Kopfzerbrechen bereitete die Erfassung all jener, deren Wohnsitz die Straße ist. Bei der letzten Volkszählung 1990 wurden 200 000 Obdachlose ermittelt. Zur Erfassung dieses Personenkreises begaben sich die Volkszähler in Obdachloseneinrichtungen, suchten Tippelbrüder auf Bahnhöfen und unter Brücken. Dabei wurde ein Teil doppelt gezählt, andere schlüpften durch die Maschen. Einige verweigerten jede Auskunft. Sie hätten mit ihrem früheren Leben abgeschlossen und zögen es vor, von der Gesellschaft vergessen zu werden.

Neu war dieses Mal die Frage nach der nationalen Herkunft in Frankreich geborener Kinder von Ausländern oder von Zuwanderern, die inzwischen die französische Staatsbürgerschaft angenommen hatten. In Statistiken war dieser Personenkreis lediglich als »Franzosen« ausgewiesen worden, ohne die Möglichkeit weiter zu differenzieren. Die Frage nach der nationalen Herkunft ruft kontroverse Reaktionen hervor. Die einen verteidigen sie als legitime, nur für statistische Zwecke gedachte Information, die Auskunft geben soll über den Grad der Integration auch der verschiedenen Immigranten der zweiten und dritten Generation.

Die anderen befürchten, dass das Zahlenmaterial zu Themen wie Arbeitslosigkeit und Bildungsstand oder gar Kriminalität der zugewanderten – inzwischen französisch gewordenen – Bevölkerung von rechten Gruppen missbraucht werden könnte zur Untermauerung rassistischer Vorurteile.

(1999)

Flanieren im Park

Paris ist ein teures Pflaster. Dabei gibt es auch Wege, die kostenlos sind. Und die vor allem Familien mit Kindern die Möglichkeit geben, die französische Hauptstadt mal ganz anders kennenzulernen. Bei einer Tour durch die Pariser Parks kann man viel lernen und dabei tagelang Pariser Flair schnuppern – mit einem Sicherheitsabstand zu den Autoabgasen.

Im Jardin du Luxembourg sieht es aus wie vor ein paar hundert Jahren. König Heinrich IV. legte ihn 1617 für seine Gattin Maria von Medici an. Napoleon verschönerte ihn durch eine weiße Balustrade, ein Wasserbecken und den englischen Garten. Aber erst ab etwa 1820 wurde auch die Bevölkerung in den königlichen Park gelassen. Für ein geringes Eintrittsgeld konnten die Spaziergänger damals von den Früchten des Obstgartens naschen. Wo einst Rousseau, Balzac, Chopin und George Sand promenierten, flanieren heute ihre Nachfahren durch den leise knirschenden Kies. Andere haben es sich auf den überall im Park aufgestellten Metallstühlen gemütlich gemacht und genießen lesend, plaudernd oder schlafend die Mittagspause.

Nicht nur die Erwachsenen schätzen die Schönheit der Anlage. Auch auf kleine Gäste übt der Park eine magische Anziehungskraft aus. Das Highlight für heiße Tage: Zwei Planschbecken vor der Orangerie bieten Kleinkindern die nötige Abkühlung. Am Beckenrand kommen aufgeschlossene Menschen mit

Müttern, Vätern oder Kindermädchen der verschiedensten Nationen ins Gespräch. Während Papa bei den Kleinen bleibt, kann sich Mama in Ruhe die Ausstellungen in der Orangerie ansehen, und umgekehrt. Für Paris ungewöhnlich: Orangerie und Planschbecken sind kostenlos.

Die rasante Fahrt auf dem altertümlichen Karussell ist mit 1,40 Euro vergleichsweise billig. »Guck mal, die Holzpferde, das Kamel, die Giraffe!«, ruft eine ältere Frau ihrem Mann zu. Die kunstvoll bemalten, mittlerweile ziemlich abgenutzten Figuren sind dieselben, die sich schon in ihrer Kindheit im Kreis drehten. Heute ist sie mit ihrem Enkel gekommen. Entworfen wurde das Karussell 1879 von Charles Garnier, der auch die berühmte Pariser Oper gebaut hat. Unsterblichkeit erlangte es durch Rilkes Gedicht vom weißen Elefanten. Heute ist der Elefant grau und scheint bei dem Nachwuchs immer noch überaus beliebt zu sein. Mit leuchtenden Augen klammern sich die Kinder an das schäbige Tier.

Ganz in der Nähe stehen die Ponys. Für zwei Euro dürfen die Kleinen auf dem Pferderücken oder in der Kutsche ihre Runden drehen. Weniger erfreulich ist der einzige Spielplatz der 22 Hektar großen Anlage. Zwar lockt er mit netten Klettergerüsten und Spielgeräten. Doch die Preise sind wenig einladend. Für eine Runde Spielplatz zahlen Kinder 2,50 Euro Eintritt und Erwachsene 1,50 Euro für einen Platz auf der Parkbank.

Kaum zu übersehen ist der ehemalige Königliche Palast, der seit Ende des 19. Jahrhunderts Sitz des Senats ist. Einst beherbergte das Palais die Kinder der Mätresse von Ludwig XIV. Später war es Sitz der Revolutionsregierung, dann eine Waffenmanufaktur und anschließend ein Gefängnis. Am großen Springbrunnen vor dem Palais können für drei Euro die Stunde Segelboote aus Holz ausgeliehen werden. Ganze Generationen von Kindern kennen dieses Spiel. Bewegt werden die Boote nicht etwa per Fernbedienung, sondern wie in guten alten Zeiten mit dem Stock. So schippern sie vorbei an den Enten zur anderen Seite des Springbrunnens.

Echte Boote können im Bois de Vincennes gemietet werden. In dem Wäldchen im Osten von Paris picknicken auf den Wiesen unter schattenspendenden Bäumen viele Familien. Wer Kultur sucht, kann das Château de Vincennes besichtigen.

Während der Rasen in kleinen Grünanlagen im Allgemeinen nicht betreten werden darf, gibt es in den großen Parks meistens auch Liegewiesen. Mit Kletterfelsen und einem atemberaubenden Blick über Paris und sogar einem Wasserfall überraschen die Hügel der Buttes Chaumont. Der ehemalige Steinbruch im Nordosten der französischen Hauptstadt besticht durch Schönheit und eignet sich besonders gut zum Picknicken.

Der Jardin des Plantes, im Herzen des Quartier Latin, ist mit Naturkundemuseum, Botanischem Garten und Zoo für Pariser Familien ein Muss. Die Mineralogie-Ausstellung zeigt die weltgrößte Sammlung von Riesenkristallen, Goldklumpen und Meteoriten.

Hofärzte von Ludwig XIII. legten den Jardin des Plantes 1635 an. Fünf Jahre später wurde der königliche Heilpflanzengarten der Öffentlichkeit zugänglich gemacht. Schnell entwickelte er sich zum Ort der Begegnung für Reisende, Forscher und Naturkundler aller Couleur. Beim kostenfreien Spaziergang durch die »Gebirgsvegetation« können Besucher heute mitten in der Millionenmetropole mehr als zweihundert Pflanzenarten entdecken.

Die nur einen Katzensprung vom Louvre entfernten Tuilerien verdanken ihren Namen dem lehmigen Boden, aus dem einst Ziegel *(tuiles)* gefertigt wurden. Heute erwartet den Besucher ein typisch französischer Garten aus dem 17. Jahrhundert. Von Mitte Juni bis Mitte September steht hier ein Riesenrad, das einen Blick ermöglicht weit über den Park und das Pariser Häusermeer.

Wer einen Parkbesuch mit herkömmlichem Sightseeing verbinden will, sollte zum Champ de Mars fahren. Nach einem Ausflug auf den Eiffelturm können sich die Kinder auf dem Spielplatz der majestätisch angelegten Grünanlage austoben. Ebenfalls im Angebot: Ponyreiten oder Karussell fahren.

(2005)

Social Networking in der Wohnküche

Manche Menschen genießen im Alter ihre wohlverdiente Ruhe. Andere machen Party. Zu letzteren gehört Jim Haynes. Seit mehr als drei Jahrzehnten lädt der US-Amerikaner fast jeden Sonntag zur Dinner-Party in sein Pariser Domizil. Willkommen sind alle weltoffenen Menschen, sofern sie sich vorher angemeldet haben. Am Abend verwandelt sich dann die Wohnküche des Schnauzbartträgers in einen Salon, und um die hundert Menschen drängen sich für ein paar Stunden zwischen Couch und Küchentisch.

Im Sommer bevölkern die Gäste auch den Vorgarten. Der ältere Herr in der Küchenschürze ist allerdings mehr als ein Salonlöwe. Sein größtes Talent ist seine Fähigkeit, Menschen zu treffen und Menschen zusammenzubringen. Was manch einer Arbeit nennen würde, ist für Haynes sein Lebenselixier. Ein Gesellschaftstier war der Mann mit den grauen Haaren schon, bevor er 130 000 Gäste, vom Habenichts bis zum Millionär, in seinem Wohnzimmer bewirtete. Manche kamen nur ein Mal, andere immer wieder. Über die Jahre kreuzten seinen Weg dabei unzählige Berühmtheiten. Darunter Musiker wie Paul McCartney und Mick Jagger, Film- und Theaterlegenden wie Marlene Dietrich und Sir Laurence Olivier oder Autoren wie Henry Miller und Eugène Ionesco.

Als einst der Schriftsteller Antoine de Saint-Exupéry philosophierte: »Der Mensch ist nichts als ein Bündel von Beziehungen«, könnte er Jim Haynes gemeint haben. Sein gigantisches Adressbuch ist weltrekordverdächtig. Bei Hunderttausend hat er aufgehört zu zählen. Zwar nutzt er auch die neuen Medien. Doch sein wirkliches Social Networking findet in der Wohnküche statt.

Die Gäste sprechen neben Englisch, Französisch, Italienisch, Spanisch oder Russisch auch manch exotische Sprache. Eine Tischordnung gibt es nicht, denn es gibt gar keinen Tisch. Trotzdem ist es im dichten Gedränge unmöglich, nicht mit dem Nachbarn ins Gespräch zu kommen. Kommunikationsprofi Haynes trägt seinen Teil dazu bei. Das Gehirnjogging des 77-Jährigen besteht darin, die Namen und die Heimatstädte seiner Gäste auswendig zu lernen und wie ein Marktschreier hinauszuposaunen. So erfährt jeder gleich, wo der potentielle Gesprächspartner herkommt.

Eigentlich begann alles durch einen Zufall. Eine Tänzerin, die Haynes Mitte der siebziger Jahre kostenlos beherbergte, organisierte aus Dankbarkeit einmal in der Woche für ihren Gastgeber und dessen Freunde ein großes Essen. Diese wurden schnell legendär und zogen immer mehr Menschen in die Rue de la Tombe Issoire.

Am Herd seines Hauses im 14. Pariser Arrondissement, südlich von Montparnasse, standen schon Köche aus den verschiedensten Ländern. Meist langjährige Freunde des Hausherren, der oft selbst den Kochlöffel rührt. Auch die Tänzerin, mit der alles begann, betätigt sich manchmal heute noch als Küchenchefin. Zusammen mit zwei anderen Dinner-Party-Köchinnen hat sie mittlerweile ein Party-Kochbuch herausgegeben.

Noch bunter als die Speisekarte liest sich die Gästeliste: ein Comiczeichner aus Australien, eine französische Single-Frau aus gutem Hause, ein deutscher Weltenbummler, ein verhinderter Filmregisseur aus Irland, eine russische Sängerin und ein erfolgreicher Drehbuchschreiber aus Los Angeles.

Ob Studenten oder Rentner, hoffnungslose Träumer, Normalbürger oder Nobelpreisträger, sie alle folgen Jims frenetischen Anfeuerungsrufen, sich doch bitte zu unterhalten: »Talk, talk, talk!« Drei Worte, durch die schon Freundschaften, Ehen und sogar Kinder entstanden sind. So hat er einmal zwei Zwillingsschwestern aus Surinam zwei Brüdern aus Schottland vorgestellt. Später feierten sie Doppelhochzeit.

Wo sich heute Haynes Dinner-Party-Gäste mit Wein in Plastikbechern zuprosten, schuf einst der Maler Henri Matisse seine Werke. In der Nähe wohnte lange die Schriftstellerin Françoise Sagan. Früher lebten um die Ecke auch noch Samuel Beckett und Salvatore Dali, zu denen Haynes – wie sollte es anders sein – gute nachbarschaftliche Beziehungen pflegte.

Begonnen hatte Haynes' Abenteuer Europa Mitte der fünfziger Jahre, als er als Soldat der US-Armee nach Edinburgh kam. Bald schon schlug er andere Wege ein. Mit ein paar Spargroschen mietete er Geschäftsräume in einem belebten Viertel Edinburghs, wo er kurz darauf den ersten Taschenbuchladen Großbritanniens eröffnete. In seinen Regalen stand – für damalige Zeiten völlig unüblich – kein einziges gebundenes Buch. Doch nicht nur deshalb machte der junge Amerikaner von sich reden. Mit Lesungen und Konzerten wurde sein »Paperbookshop« bald zu einem avantgardistischen Ort kultureller Happenings.

In der Auswahl seiner Leute zeigte Haynes schon damals ein gutes Händchen. Weil er die richtigen Beziehungen pflegte, gelang es ihm, prominente Gäste wie den später weltberühmten russischen Dichter Jewgeni Jewtuschenko und die französischen Starautorinnen Nathalie Sarraute und Marguerite Duras dazu zu bringen, in den verrauchten Hinterzimmern des Buchladens Kostproben aus ihren Werken vorzulesen.

Haynes wollte das Ganze größer aufziehen und organisierte im Rahmen des renommierten Edinburgh Festivals Schriftstellertreffen. Zu diesen Begegnungen reisten Anfang der sechziger Jahre zahlreiche zeitgenössische Autoren von Rang und Namen. Die Gästeliste liest sich heute wie ein Who's Who der damaligen Literaturszene: Edward Albee, Max Frisch, Harold Pinter. Auch Deutschlands berühmter Theaterkritiker Friedrich Luft und der Schriftsteller Martin Walser kamen damals nach Edinburgh.

Haynes war nicht mehr zu bremsen. Mit Freunden gründete er 1963 das »Traverse Theatre«, das bald zu einer der bedeutendsten Avantgarde-Bühnen avancierte. Doch Haynes trieb es weiter nach London, wo er 1967 das »Arts Lab« aus dem Boden stampfte, wichtiger Treffpunkt der Londoner Swinging Sixties und bekannt für seine spontanen Happenings. David Bowie nutzte das »Arts Lab« als Probebühne, Donovan gab Freundschaftskonzerte und John Lennon und Yoko Ono veranstalteten in einem Koffer stundenlange

Sit-ins. Haynes wurde zu einer der Schlüsselfiguren der Londoner Untergrundszene.

Damals wohnte der Nachtschwärmer in einer düsteren Kellerwohnung in der Gloucester Street. Die Vermieterin allerdings war keine Geringere als George Orwells Witwe.

Später betätigte sich Haynes selbst als Schriftsteller und Philosoph und schrieb ein Dutzend Bücher. Mit Frauenrechtlerin Germaine Greer gab er die libertinistische Zeitschrift »Suck« heraus, schrieb Abhandlungen über freie Liebe und rief in einem Büchlein die Arbeiter aller Welt zum Nichtstun auf. In den siebziger Jahren organisierte er in Amsterdam das erotische »Wet Dreams Film Festival«.

In den achtziger und neunziger Jahren dann zog es ihn in vielen Reisen gen Osten. Ob in Polen, Litauen, Estland oder Bulgarien, Haynes tat, was er stets am besten verstand: Beziehungen knüpfen. Das Ergebnis seiner Pilgerfahrten war die Buchreihe »People to People«, in der statt Informationen über Sehenswürdigkeiten und Hotels jede Menge Adressen kontaktfreudiger Osteuropäer standen, die bereit waren, Reisende in ihrem Wohnzimmer einzuquartieren.

Damals war der rastlose Haynes schon längst in Paris sesshaft. Eigentlich hatte ihn 1969 nur eine kurze Gastprofessur in »Sexual Politics« in die Seine-Metropole gelockt. Doch schließlich lehrte der unkonventionelle Professor seine Studenten dreißig Jahre lang die Zusammenhänge von Sexualität und Gesellschaft. Auch nach seiner Pensionierung hat Jim Haynes alle Hände voll zu tun. Er zeigt in den eigenen vier Wänden Ausstellungen, lädt zu Theaterstücken ein und ist weiter aktiv als Autor und Verleger.

Auch menschlich wird es ihm nicht langweilig. Sein Telefon steht selten still. Und nächsten Sonntag ist wieder Dinner-Party. Viele alte Freunde wird der Salonlöwe dann wieder treffen – und auch neue, die vielleicht auch einen Platz in seinem Adressbuch finden.

(2011)

Kultur auf dem Wochenmarkt

Wenn Christian Bassoul auf dem Markt in der Pariser Rue Mouffetard erscheint, hat er anderes im Sinn als Salatköpfe oder Petersilie. In seinem Einkaufswägelchen ist auch kein Platz für Obst und Gemüse. Es ist stattdessen bis zum Rand mit Noten und Liedertexten gefüllt. Mit einem lässig über die Schulter gehängten Akkordeon bahnt sich der drahtige Mann mit den weißen Haaren seinen Weg durch die Menschenmenge hin zu seinem Stammplatz vor der Kirche Saint-Médard. Mitten im Quartier Latin, zwischen Bananenkisten und Fischverkäufern, wird er dort wie jeden Sonntag von 11 bis 14 Uhr das Repertoire des französischen Chansons einmal rauf und einmal runter spielen.

Sein Publikum kommt allerdings nicht nur zum Zuhören, sondern will vor allem eines: Mitsingen. Gestresste Pariser, die den Sonntagvormittag für Einkäufe nutzen, stellen ihre Taschen ab und schmettern voller Inbrunst Chanson-Klassiker wie »Les copains d'abord« von Georges Brassens oder »La vie en rose« von Edith Piaf. Ganz Mutige dürfen auch zum Mikrofon greifen und sich in einem »Karaoke à la française« versuchen.

Auch wer die alten Stücke nicht auswendig weiß, kann mitsingen. Denn die Texte gibt es gleich gratis dazu. Verteilt von treuen Anhängern der sonntäglichen Musikmatinées.

Darunter ist Georges, der am Marktplatz immer mit von der Partie ist. Volksvergnügen ähnlicher Art waren zur Jugendzeit des 75-jährigen Baskenmützenträgers in Paris noch an jeder Straßenecke zu finden. »Bis in die vierziger Jahre hinein war es Brauch, die neuesten Schlager auf der Straße zum Besten zu geben«, erinnert sich Georges wehmütig. Dazugehörige Noten und Texte konnten die Passanten gegen klingende Münze erwerben. Noch in den ersten Jahrzehnten des 20. Jahrhunderts machten sich Tanzwütige an Wochenenden auf zur Bastille. Auf dem Trottoir spielten Zuwanderer aus Italien und Bauern aus der Auvergne zum Tanz auf. Mit dem Zweiten Weltkrieg gingen all diese Traditionen schließlich unter.

Anders als vor dem Krieg werden heute in der Rue Mouffetard nur selten die neuesten Schlager geträllert, stattdessen meist Titel älteren Datums. »Wir gehören nicht gerade zur Avantgarde«, gibt Initiator Christian Bassoul zu. An der Nostalgie scheint sich am Marktplatz niemand zu stören. Im Gegenteil. Louis feiert am Markplatz seinen Neunzigsten. Die Chansons längst vergangener Zeiten sind ganz nach seinem Geschmack. »Hier finde ich meine Jugend wieder«, sagt der betagte Herr mit Tränen der Rührung in den Augen und stimmt ein in den Chor der sangeswütigen Marktbesucher.

Aber nicht nur ältere Semester nehmen für die unkonventionelle Schlagermatinée manchmal weite Wege auf sich. Um auf dem Marktplatz das begehrte Mikrofon zu ergattern, fährt der 25-jährige Lionel quer durch die ganze Stadt. Seit zwei Jahren nimmt er Gesangsunterricht und wer weiß, vielleicht wird er ja eines Tages entdeckt? In den Gassen der

Seine-Metropole startete immerhin auch Edith Piaf in den dreißiger Jahren ihre Weltkarriere. Viele ihrer Melodien haben heute Nationalhymnenstatus. Kein Sonntag am Marktplatz vergeht ohne »Mylord« oder »Non, je ne regrette rien«.

Mittlerweile hat Chorleiter Bassoul, der die Woche über seine Brötchen als Englischlehrer an einer Pariser Oberschule verdient, Verstärkung bekommen: Den 65-jährigen Vollblut-Akkordeonisten Jean-Louis Rollot, den er in einem Jazz-Club aufgegabelt hat. Ein auf dem Lande aufgewachsener Justizangestellter im Ruhestand, der von sich behauptet, er habe das Ziehharmonikaspielen bereits als Fünfjähriger auf einer Hühnerleiter gelernt.

An jedem Sonntag, bei fast jedem Wetter, sitzen Rollot und Bassoul auf zwei Gemüsekisten vor Bergen von Noten. Nur im August, wenn ohnehin alle Pariser die Stadt verlassen haben, gönnen sie sich eine Pause. Wegen des Geldes musizieren die beiden allerdings nicht im Quartier Latin. Die paar Münzen, die in den Hut geworfen werden, reichen gerade für die Kopien der Liedertexte und ein Glas Wein nach dem Konzert. Was die Musiker bei der Stange hält, ist die einzigartige Atmosphäre. »Die Musik erreicht die Herzen aller Gesellschaftsschichten«, begeistert sich Rebecca, eine Pariser Schriftstellerin im besten Alter. Jeden Sonntag sieht sie am Marktplatz »die verschiedensten Klassen und Nationen vereint«, erlebt »ein paar Stunden ohne Rassismus oder Sexismus«. Tatsächlich singt und tanzt jeder mit jedem: Die Rentnerin mit dem Studenten und der Straßenkehrer mit der Universitätsprofessorin.

Touristen, die zufällig das musikalische Spektakel entdecken, sind begeistert. »This is fun«, sagt die Rentnerin Betty aus Texas immer wieder und schaut dabei wie ein erstauntes Kind mit kugelrunden Augen. Helen, eine Französischlehrerin aus London, hat einen Stapel von Chansontexten eingepackt. Die will sie künftig im Unterricht verwenden. Musikwünsche sind erlaubt. Das Repertoire von Christian und Jean-Louis umfasst immerhin mehrere hundert Titel.

Wenn »Douce France« von Charles Trenet erklingt, scheint die Welt für einen kurzen Moment wieder wohlgeordnet und überschaubar, der Stress der Millionen-Metropole weit entfernt. Punkt zwei Uhr ist der schöne Traum plötzlich vorbei. Die Zeit, die stehen geblieben schien, ist abgelaufen. Mit lautem Getöse kehrt die Müllabfuhr die Marktabfälle zusammen. Spätestens wenn der Platz mit einem großen Wasserschlauch abgespritzt wird, hat der letzte Sänger das Weite gesucht Der Alltag fängt wieder an. Wer weiter träumen will, muss wieder kommen. Die nächste musikalische Zeitreise beginnt wie immer Sonntag, pünktlich um 11 Uhr.

(2003)

Paris mit Kind

Paris. Stadt der Liebe, Stadt der Mode, aber auch Stadt der Familien und der Kinder? Ich werde es bald wissen. Unser Zug fährt im Gare du Nord ein. Ich stehe mit Philipp am Fenster und betrachte die mit Graffiti besprühten Mauern entlang der Gleise und das dahinter auftauchende Häusermeer. »Schienen!«, kreischt Philipp begeistert. In zwei Monaten wird er drei.

Gleich sind wir in Paris. Hier habe ich lange gelebt – ohne Kind. Dafür wurde ich vielfach bewundert oder beneidet. Bis zuletzt war ich hingerissen von der Schönheit der Stadt und zugleich abgestoßen von der Härte ihres Alltags. Verglichen mit der französischen Metropole wirkt jede deutsche Großstadt wie ein Kurort. Keine Frage. Paris ist ein Mythos. Doch der Preis, in einer solch faszinierenden Stadt zu leben, ist hoch. Besonders, wenn man Kinder hat.

Ich freue mich, dass mein Sohn ganz andere Freiheiten hat als seine Pariser Altersgenossen. In Berlin sind die Wohnungen groß, die Bürgersteige breit, die Busse haben einen für Kinderwagen zugänglichen Eingang, und die U-Bahnen verfügen über Fahrstühle, die bis zum Bahnsteig hinabfahren. In den Parks darf auf den Wiesen Fußball gespielt werden und Kinder können nach Herzenslust Purzelbäume schlagen. Die Kugel Eis kostet 50 Cents statt 2,50 Euro.

Aber Paris gehört nun einmal zu meinem Leben. Philipp soll die Kinder meiner Freunde und damit die Kultur unserer Nachbarn kennenlernen. Im Prinzip haben wir in Paris sogar familiäre Bindungen. In den achtziger Jahren bin ich von einer Pariser Familie »adoptiert« worden. Und eben diese Familie hat Philipp als ihren »Enkel« angenommen.

Städte sind wie Menschen. In extremen Situationen erkennt man ihr wahres Gesicht. Und Paris mit Kind ist eine Extremsituation. Die Pariser haben sich an das tägliche Verkehrschaos längst gewöhnt und nehmen es wie gottgegeben hin. Doch wie werden wir damit klarkommen? Zum Glück holt uns meine »Adoptivmutter« Sylvie mit dem Auto vom Bahnhof ab und erspart uns so die Fahrt in den Vorort Ivry-sur-Seine mit den Öffentlichen oder mit dem Taxi.

Die für ihre Unfreundlichkeit berüchtigten Pariser Droschkenkutscher haben weder Lust, sich an einem Kinderwagen die Finger schmutzig zu machen, noch gibt es Kindersitze. Einst hätten zwei Freundinnen und ich fast unseren Zug in die Bretagne verpasst, weil wir uns fragten, ob der Taxifahrer nicht eine andere Strecke zum Bahnhof hätte nehmen können. Daraufhin bremste er scharf und setzte uns samt unseren Rucksäcken vor die Tür. Noch schlechter erging es einer befreundeten Filmproduzentin. Sie wurde für eine kritische Nachfrage sogar geohrfeigt.

Sylvie ist pünktlich. Sie hat gleich in der Nähe des Bahnhofs einen der heißbegehrten Parkplätze gefunden und den Automaten mit dem nötigen Kleingeld gefüttert. Pariser Autofahrer, die keinen privaten Stellplatz haben und auf der Straße parken müssen, zahlen dafür monatlich locker 200 Euro Gebühren.

Schnell ist das Gepäck eingeladen und Philipp auf den Kindersitz verfrachtet. Los geht's. Wir kommen nur ein paar hundert Meter weit. Im Schneckentempo. Dann ist erst einmal Schluss. »Mir gefällt das Auto«, sagt Philipp und sieht interessiert aus dem Fenster. Nach einer Stunde ist er eingeschlafen, und wir haben eine Strecke bewältigt, für die wir zu Fuß vielleicht zehn Minuten gebraucht hätten. In Paris führt immer etwas zu Staus. Im Sommer sind es die Baustellen, im Herbst die Streiks. Morgens und abends der Berufsverkehr, tagsüber der Lieferverkehr.

Die Hochhaussiedlung am Stadtrand, in der wir wohnen, gefällt Philipp. Mit dem Finger zeigt er auf die schmucklosen, fünfzehn Stockwerke hohen Betonbauten ohne Grün und ruft begeistert: »Das ist Paris!« In den Hauseingängen lungern gelangweilte Vorstadtkids.

Am nächsten Morgen gehen wir erst einmal auf den Spielplatz. Während in den Grünanlagen im 16. Arrondissement der tadellos gekleidete Nachwuchs häufig von Kindermädchen betreut wird, zeigt sich in unserer Cité ein ganz anderes Bild. In der Buddelkiste lernen wir einen kleinen Portugiesen kennen. Er wird von seiner zahnlosen Oma begleitet. »Wie heißt der Kleine?«, frage ich. Es stellt sich heraus, dass sie sich nicht mehr an seinen Namen erinnert. Ein mitteilungsfreudiges Mädchen namens Maria ist alleine gekommen. In gebrochenem Französisch erzählt sie mir, dass ihre Familie ursprünglich aus Marokko stammt, sie Angst vor ihrem Vater hat und er sie anschreit und schlägt, wenn sie nicht genügend im Haushalt hilft oder in der Schule eine schlechte Note bekommt.

Dann, ohne Überleitung, hopst sie zu Philipp und dem kleinen Portugiesen. Dass die Kinder keine gemeinsame Sprache sprechen, stört nicht im Geringsten. Hier auf dem Spielplatz versteht man sich sowieso ohne Worte. Die Kinder sind in ihrer ganz eigenen Welt, in deren Zentrum eine einsame Rutsche vor einer tristen Hochhauskulisse steht.

Nach dem Mittagessen will ich Philipp den Eiffelturm zeigen. Wenn ich Glück habe, macht er zwischendurch im Buggy seinen Mittagsschlaf und ich kann ein paar Boutiquen besuchen. Ich versuche, so zu planen, dass er außerhalb von Grünanlagen im Kinderwagen bleibt. Zu seinem eigenen Schutz. Auch wenn in ganz Europa die gleichen Verkehrsvorschriften gelten, werden sie hier ganz anders ausgelegt.

Bei Grün gehen, bei Rot stehen, weiß in Deutschland jedes Kind. Auch Philipp hat das schon verstanden. In Paris scheint diese Regel unbekannt. Der Mangel an Disziplin im Straßenverkehr hat Tradition. Vor allem in engen, verstopften Straßen sind die Autofahrer gezwungen, langsam zu fahren. Die Fußgänger nutzen das aus und huschen bei Rot über die Straßen. Wenn dann die Fußgängerampel auf Grün umspringt, ist der Überweg von Autos verstopft. »Der Stärkere setzt sich durch«, lautet das Gesetz. Autos und Fußgänger behindern sich gegenseitig.

Alles in allem fühle ich mich als ehemalige Pariserin aber gewappnet für einen Stadtbummel mit Kind. Ich bin die Hektik gewöhnt, das Chaos, die Unfreundlichkeit der Leute und auch die schlechte Luft. Anfangs kommen wir gut voran, auch wenn die

Räder des Buggys immer wieder in Schlaglöchern der extrem schmalen Gehwege hängen bleiben. Philipp beobachtet fasziniert das Wasser, das in Bächen den Rinnstein hinunter läuft. Kurz zuvor haben wohl die Mitarbeiter der Stadtreinigung wie jeden Tag Straßen und Bürgersteige abgespritzt.

Erste Enttäuschung: Den Bus Richtung Place d'Italie können wir nicht nehmen. Eine Metallstange in der Mitte der Eingänge macht den Einstieg mit unserem schwer zusammenklappbaren Kinderwagen unmöglich. Wir laufen zur Metro. Entmutigt blicke ich auf die steilen Treppen. Wir stehen dort eine Weile, ohne dass uns jemand seine Hilfe anbietet.

Plötzlich hat uns ein Clochard entdeckt. Er springt dienstbeflissen auf uns zu, packt, bevor ich etwas sagen kann, den Kinderwagen und schleppt ihn die Treppe hinunter. Dabei hält er ihn so schräg, dass ich befürchte, Philipp könnte kopfüber aus dem Wagen fallen. Ich hetze hinterher und betrachte dabei misstrauisch die zerkratzten Arme des Obdachlosen. Unten angekommen drücke ich ihm eine Münze in die Hand.

Es erwartet uns ein durch Drehkreuze geschütztes Zugangssystem, zusätzlich verbarrikadiert mit einer Sicherheitstür. Eine Konstruktion, die sich als Kinderwagenfalle entpuppt. Während die Schwarzfahrer, die eigentlich davon abgehalten werden sollen, einfach darüber klettern, sitzen wir fest. Auch zusammengeklappt bekomme ich den Buggy nicht durch den Eingang. Eine pakistanische Familie rettet uns aus der misslichen Lage. Vater und Mutter dreier brav dreinblickender Kinder zerren das Vehikel mit Mühe unter der Barriere durch. Wir sind endlich im Bahnhof. Doch am Ziel sind wir noch lange nicht.

Auf dem Bahnsteig klappe ich den Wagen wieder auf und ernte nur unfreundliche Blicke, die im überfüllten Zugabteil in Feindseligkeit umschlagen. Eine schwarzgelockte Mitfünfzigerin zischt mir ins Ohr: »Unsere Kinder waren auch mal klein. Den Kinderwagen haben wir trotzdem zu Hause gelassen.« »Am schlimmsten sind die Ausländer, die Araber und die Afrikaner!«, raunt mir daraufhin eine andere Frau zu, die selbst nur bruchstückhaft Französisch spricht. Sie hat einen kleinen Jungen auf dem Arm: Meine Kampf- und Leidensgenossin noch für ein paar Minuten, mit der ich es mir mit politischen Diskussionen nicht verscherzen will, denn wir teilen uns zusammen mit unserem Nachwuchs gefühlt nur wenige Quadratzentimeter.

»Ich mag U-Bahn-Fahren nicht«, quengelt Philipp. »Wir sind gleich da«, verspreche ich. Doch das ist eine Lüge. Der Platz für mich und mein Kind wird immer enger. Der dicke Mann hat den Kinderwagen weiter an mich herangeschoben. Der Metallrahmen bohrt sich mir schmerzhaft in den Oberschenkel.

Ich fühle mich irgendwie verpflichtet, meinen Mitfahrenden zu erklären, dass Philipp seinen Buggy zum Mittagsschlaf braucht. Dass ich ihn nur mit Tobsuchtsanfall aus dem Wagen zerren könnte. In der fremden Umgebung bedeutet ihm dieser ein Stück Sicherheit. Doch sicher ist er dort inzwischen gar nicht mehr. Der Allerwerteste des beleibten, von allen Seiten eingekeilten Mannes hängt quasi über seinem Kopf. Bereit, beim nächsten Bremsmanöver auf ihn niederzusausen. Ich zähle die verbleibenden Stationen: vier, drei, zwei, eins.

Umsteigebahnhof Montparnasse. Endlose, labyrinthartige Gänge und Rolltreppen. Kinderwagenschieben gleicht hier einem Marathonlauf. Behindertengerechte Zugänge, von denen auch Familien mit Kindern profitieren, gibt es in der französischen Metropole nur an wenigen Stationen. Darüber habe ich einst Artikel geschrieben.

Ich beschließe, auf meine Shoppingtour und den Besuch des Eiffelturmes zu verzichten und stattdessen mit Philipp Richtung Jardin des Plantes zu fahren und mit ihm in den Zoo zu gehen.

Jetzt nur nicht stehen bleiben. Sonst könnten wir von der hinter uns im Eilschritt herannahenden »Wand von Menschen« umgerannt werden. An den Rest des Weges erinnere ich mich nur schemenhaft.

Als ich an der Station Gare d'Austerlitz die Tür für »Fahrgäste mit sperrigem Gepäck« sehe, fällt mir ein Stein vom Herzen. Hier kommen wir mit dem Kinderwagen problemlos durch. Eigentlich würde zum Öffnen ein Knopfdruck ausreichen. Doch dazu hat das Personal am Fahrkartenschalter an diesem Tag keine Lust. Auf höfliches Nachfragen in perfektem Französisch erfolgt keine Reaktion. Erfolgreicher ist mein in Pariser Manier gebrüllter Befehl: »Tür auf, bitte! La porte, s'il vous plaît!«

Draußen leisten wir uns erst einmal ein Eis. Aber nur eine Kugel. Damit das Geld auch noch für den

Besuch des Tierparks reicht. Der lohnt sich. Die Menagerie gehört zu den ältesten Zoos der Welt. 1794, fünf Jahre nach der Französischen Revolution, wurde sie eröffnet. Anfangs wurden dort die verwaisten Tiere des geköpften Königs Ludwig XVI. untergebracht: Ein Nashorn, eine Giraffe, ein Löwe. Die Geschichte ist blutig. Während der Belagerung von Paris im Jahre 1870 durch die preußische Armee schlachteten die hungernden Pariser die Bewohner des Tierparks.

Heute leben hier auf engstem Raum Krokodile, Kamele, Panther und Orang-Utans. Wie für die Menschen ist auch für die Tiere von Paris der Platz rar. Traurig dreinblickende Straußenvögel und Kängurus stehen in wenigen Quadratmeter kleinen Gehegen direkt an einer stark befahrenen Hauptverkehrsstraße.

Auf der Rückfahrt schläft Philipp im Kinderwagen ein. An der Endstation wartet schon der Clochard und schleppt ihn hoch. Ich bin ebenfalls ziemlich geschafft. Aber irgendwie auch glücklich. Paris ist anstrengend, laut, teuer und doch wunderbar! Es ist wie mit einer unmöglichen Liebe. Auch wenn sie vorbei ist, Gefühle der Vertrautheit werden immer bleiben. Vielleicht können wir wenigstens gute Freunde werden. Ich werde wiederkommen.

(2005)